Le désir, une philosophie

DU MÊME AUTEUR

Bibliographie sélective

Essais et documents

Jung, un voyage vers soi, Albin Michel, 2021.
Les Chemins du sacré, Éditions de l'Observatoire, 2020.
D'un monde à l'autre, avec Nicolas Hulot, Fayard, 2020.
Vivre ! dans un monde imprévisible, Fayard, 2020.
Méditer à cœur ouvert, Éditions Nil, 2018.
La Sagesse expliquée à ceux qui la cherchent, Seuil, 2018.
Le Miracle Spinoza, Fayard, 2017.
Lettre ouverte aux animaux, Fayard, 2017.
Philosopher et méditer avec les enfants, Albin Michel, 2016.
La Puissance de la joie, Fayard, 2015.
Du bonheur, un voyage philosophique, Fayard, 2013.
La Guérison du monde, Fayard, 2012.
Petit traité de vie intérieure, Plon, 2010.
Socrate, Jésus, Bouddha, Fayard, 2009.
Le Christ philosophe, Plon, 2007.

Romans

Juste après la fin du monde, Éditions Nil, 2021.
La Consolation de l'ange, Albin Michel, 2019.
L'Âme du monde, Éditions Nil, 2012.
La Parole perdue, avec Violette Cabesos, Albin Michel, 2011.
L'Oracle della Luna, Albin Michel, 2006.
La Promesse de l'ange, avec Violette Cabesos, Albin Michel, 2004.

Frédéric Lenoir

Le désir, une philosophie

Flammarion

ISBN : 978-2-0804-1580-6

« Malheur à celui qui n'a plus rien à désirer ! »

Jean-Jacques Rousseau

Introduction

« Chaque désir m'a plus enrichi que la possession toujours fausse de l'objet même de mon désir. »

André Gide (XXe siècle)

« Le désir est l'essence de l'homme », écrivait le philosophe Baruch Spinoza au XVIIe siècle. Par son caractère infini, il est peut-être ce qui nous caractérise en propre, mais il est surtout le moteur de nos existences. Que vaudrait une vie sans désirs ? C'est la variété et l'intensité de nos désirs qui nous poussent à agir et qui nous donnent le sentiment d'être pleinement vivants. L'absence de désir – dont la dépression est un symptôme moderne – signe l'affaissement de notre puissance vitale. En même temps, le désir peut nous conduire à la passion destructrice ou illusoire, à une insatisfaction permanente, à la haine ou à la frustration nées de l'envie et de la convoitise, ou à toutes sortes d'addictions qui nous privent de notre liberté intérieure.

L'ultime film de Luis Buñuel s'intitule très joliment *Cet obscur objet du désir*. On pourrait dire aussi « cet obscur *sujet* du désir », tant cette notion, riche et complexe, tend à échapper à notre entendement. Qu'est-ce qui distingue le désir du besoin ? Quelle est la nature du désir ? Comment savoir qu'un désir est bon ou pas ? Comment accueillir nos désirs les plus personnels et ne plus imiter ceux des autres ? Comment échapper à l'insatisfaction permanente pour exprimer nos désirs de manière juste et ressentir une joie profonde ? Telle est l'ambition de ce livre : éclairer d'un point de vue philosophique la notion de désir et proposer un *manuel d'éducation au désir*, cette force si puissante qui mobilise notre corps, notre cœur et notre esprit… pour le meilleur comme pour le pire. Car si la plupart de nos bonheurs proviennent de la satisfaction de nos désirs, la plupart de nos malheurs aussi ! Dès lors, comment éviter le pire et tendre vers le meilleur ? Peut-on apprendre à désirer ou à bien orienter nos désirs ?

Désirs aliénants et désirs libérateurs

Les études scientifiques les plus récentes ont montré que notre cerveau primaire, le *striatum*, donnait l'impulsion de nos désirs fondamentaux de nourriture, de sexe, de reconnaissance sociale ou d'information. Elles ont aussi montré qu'il ne pose aucune limite à cette quête, qui est récompensée par la substance chimique du plaisir : la dopamine. Soumis à son *striatum*, l'être humain est donc mû par une soif illimitée de ces désirs primaires et du plaisir qu'ils lui procurent. D'autres chercheurs contemporains, comme l'anthropologue René Girard, ont également montré que le désir humain était essentiellement mimétique – nous désirons ce que les autres désirent – et que la comparaison sociale se trouvait au cœur de nos motivations. Ces constatations ne font que confirmer ce que les philosophes de l'Antiquité d'Orient et d'Occident avaient parfaitement observé : le désir tient un rôle essentiel dans nos vies et notre bonheur comme notre malheur dépendent de sa maîtrise. L'être humain doit apprendre à réguler ses désirs : c'est le fondement même de l'éducation et de la civilisation. À partir de ce constat unanime, plusieurs chemins de régulation du désir se dessinent : celui de la loi religieuse, qui a prévalu très longtemps et qui continue d'exercer une forte influence ; celui de la philosophie grecque et des courants de sagesse d'Orient, qui s'appuient sur la raison afin d'ordonner les désirs, de les limiter et parfois de les supprimer ; celui, enfin, développé par Spinoza, qui propose plutôt une juste réorientation des désirs, sans pour autant viser à diminuer la force désirante de l'être humain, conçue comme le véritable moteur de nos existences. Le désir n'est plus perçu comme un manque ou un problème, mais comme une puissance qu'il convient d'orienter de manière juste. Il ne faut donc surtout pas le diminuer et encore moins l'éliminer, mais l'éclairer et le cultiver et ainsi passer de « la servitude des affects » à la puissance de la liberté intérieure.

C'est cette dernière voie qui me semble la plus pertinente, mais aussi la plus adaptée aux besoins de notre époque. Épuisés, en effet, par trois années de pandémie, angoissés par les conséquences du dérèglement climatique, de la guerre en Ukraine ou la baisse du pouvoir d'achat, désabusés par le politique et méfiants à l'égard de toutes les institutions, nombre de nos contemporains se sentent fragiles et atteints sur un plan moral et psychologique. Il en résulte un affaissement de ce que le philosophe Henri Bergson appelait « l'élan vital » et une diminution de notre force désirante qui peut affecter tous les domaines de l'existence : professionnel, amoureux, sexuel, intellectuel, etc. On se sent moins vivants, on jouit moins intensément de la vie, la tristesse l'emportant souvent sur la joie. Cela conduit certains à se poser des questions et à chercher à réorienter leur vie vers d'autres valeurs que le consumérisme et la reconnaissance sociale, à lui donner davantage de sens, à vivre plus sobrement. C'est ainsi que de nombreux jeunes cherchent à échapper au modèle dominant, notamment dans le domaine professionnel, mais aussi sexuel, qui ne correspond pas à leurs désirs profonds, davantage tournés vers l'être et la qualité de vie que vers l'avoir et la performance.

Mais de manière paradoxale – et cela est vrai pour toutes les crises de vie et ne date pas d'aujourd'hui –, cet épuisement de l'élan vital et du désir se traduit aussi par une exacerbation des désirs les plus matériels, on pourrait dire des envies, qui apparaissent comme des compensations à cette forme de déprime : on consomme pour se donner des mini-shoots de plaisir. Ce consumérisme peut prendre diverses formes : achats compulsifs, addiction au sexe, aux jeux, aux réseaux sociaux, besoin de reconnaissance sociale exacerbé, etc. Nos puissants désirs et nos grandes joies se transforment ainsi en petites envies et en vains plaisirs. Et nous devenons parfois les esclaves de ces envies et de ces plaisirs, sans que ceux-ci ne satisfassent vraiment notre soif profonde. Je suis convaincu que nous ne retrouverons notre liberté et une joie véritable qu'en cultivant l'élan vital, en réveillant nos désirs les plus personnels et en les orientant vers des objets qui nous font grandir, qui donnent du sens à nos vies, qui nous permettent de nous réaliser pleinement selon notre nature singulière. Mais comme l'univers du désir est un monde vaste et complexe, commençons par essayer de le définir et de nous interroger sur sa nature.

Qu'est-ce que le désir ?

Les philosophes de l'Antiquité s'accordent d'une part à définir le désir comme « la visée d'un bien » (c'est-à-dire ce que nous percevons comme bon pour nous). Selon le mot de Cicéron, « le désir se porte, fasciné et enflammé vers ce qui paraît être un bien*[1] ». D'autre part, ils l'identifient à « l'appétit » (au sens large du terme), ce mouvement qui consiste à faire un effort pour se rapprocher d'un bien qui nous attire. L'aversion, à l'inverse, désigne le mouvement qui nous pousse à nous éloigner de ce que l'on perçoit comme mauvais. Même s'il semble parfois se confondre avec l'instinct ou le besoin, le désir humain comporte à la fois une part imaginative et une part consciente qui le rendent beaucoup plus complexe. Ce n'est pas la même chose de ressentir le besoin de nous nourrir (la sensation de faim) et de désirer manger un plat particulier, qui éveille en nous des souvenirs heureux, dans un cadre que l'on aime et avec quelques bons amis. On le voit aussi bien à travers le désir sexuel qu'on ne saurait réduire à l'instinct de survie de l'espèce ou à la simple satisfaction d'un besoin physiologique. La psychanalyse a parfaitement montré qu'avant d'être fixé sur un objet, le désir est pris dans une dynamique complexe et créatrice (émotions, fantasmes, projections, transferts, etc.). Ce qui faisait écrire à Gaston Bachelard que « l'homme est une création du désir, non pas une création du besoin[2] ».

On peut observer l'extrême diversité des objets du désir chez l'être humain, mais aussi déterminer quelques

---

* Voir les notes en fin de volume.

grandes catégories. Platon établit une distinction entre la recherche d'un bien sensible et celle d'un bien rationnel, la première apportant un plaisir corporel, tandis que la seconde apporte une satisfaction de l'esprit. Aristote préfère souligner que le bien recherché peut être réel ou illusoire : « C'est toujours l'objet de l'appétit qui imprime le mouvement, mais cet objet est soit le bien, soit l'apparence du bien[3]. » Spinoza souligne le caractère conscient du désir, qu'il définit comme « l'appétit avec conscience de lui-même[4] ». À partir de cette longue tradition philosophique, on pourrait déjà donner cette définition du désir comme *la conscience d'un appétit qui nous meut vers un bien réel ou apparent, qu'il soit de nature sensible ou intellective.* La grande question qui s'ouvre dès lors, c'est de savoir ce qui suscite le désir. Quelle est la nature profonde du désir humain ?

Le mot « désir » vient du verbe latin *desiderare,* formé à partir de *sidus, sideris,* qui désigne l'astre ou la constellation d'étoiles. Il existe deux interprétations radicalement opposées de cette étymologie. On peut interpréter *desiderare* comme « cesser de contempler l'étoile », ce qui renvoie à l'idée d'une perte, d'un manque, d'un « déboussolement ». Le marin qui ne regarde plus les astres peut se perdre en mer. L'être humain qui ne contemple plus les choses célestes peut se perdre dans l'attrait des choses terrestres. Inversement, on peut comprendre *desiderare* comme ce qui nous libère du fait d'être sidéré (*siderare*), car la *sideratio* (sidération) est traditionnellement comprise par les Romains comme le fait de subir l'action funeste des astres. Nous avons conservé ce sens lointain lorsque nous disons que nous sommes « sidérés » après un choc ou une épreuve : nous sommes immobiles, sans réactions, privés de liberté d'action. Or ce qui va nous remettre en mouvement, c'est *de-sidere*, le désir. Le désir est ainsi compris comme le moteur de l'action, comme la puissance vitale qui nous libère de la sidération, quelle qu'en soit la cause.

Ce qui est fascinant, c'est qu'on retrouve cette double signification à travers la tradition philosophique occidentale. D'un côté, en effet, le désir est perçu comme un manque, et on soulignera essentiellement son caractère négatif. D'un autre, il est perçu comme une puissance et comme le principal moteur de nos existences. La plupart des philosophes de l'Antiquité ont perçu le désir sous l'angle du manque et l'ont considéré davantage comme un problème qu'une question : la recherche d'une satisfaction qui, une fois assouvie, renaît aussitôt sous la même forme ou sous la forme d'un autre objet, nous condamnant ainsi à être de perpétuels insatisfaits. C'est Platon, le plus célèbre disciple de Socrate, qui a le mieux théorisé cette dimension insatiable du désir humain sous cette forme du manque : « Ce qu'on n'a pas, ce qu'on n'est pas, ce dont on manque : voilà les objets du désir et de l'amour[5]. » Aristote relativise cette assimilation du désir au manque et y voit surtout notre unique force motrice : « Il n'y a qu'un seul principe moteur : la faculté désirante[6]. » Au XVIIe siècle, Spinoza reprend cette idée et la met au cœur de toute sa philosophie éthique : le désir est la puissance vitale qui mobilise toutes nos énergies et, bien orienté par la raison, lui seul peut nous conduire à la joie et au bonheur suprême (la béatitude).

Désir-manque qui conduit à l'insatisfaction et au malheur et qu'il convient de limiter ou d'éradiquer… ou désir-puissance qui conduit à la plénitude et au bonheur et qu'il convient de cultiver : qui a raison ? En fait, si l'on s'observe attentivement et si l'on observe la nature humaine, les deux théories semblent pertinentes et ne s'excluent pas l'une l'autre. Nous pouvons expérimenter dans notre vie le désir-manque et le désir-puissance. Lorsque nous sommes pris au piège de l'insatisfaction permanente, de la comparaison sociale, de l'envie, de la convoitise, de la passion amoureuse, nous donnons raison à Platon. Mais lorsque nous sommes portés par la joie de créer, de grandir, de progresser, d'aimer, de déployer nos talents, de nous accomplir dans notre activité, de connaître, nous donnons raison à Spinoza. Et les choses sont même un peu plus complexes, puisque le désir-manque peut aussi, comme nous le verrons avec Platon, être le moteur d'une quête spirituelle susceptible de conduire jusqu'à la contemplation de la beauté divine, et le désir-puissance peut nous conduire à des excès et à une forme d'*hubris* dénoncée par les Grecs.

Dans la première partie de ce livre, nous examinerons la position platonicienne du désir-manque à travers diverses dimensions : philosophique, mais aussi biologique, anthropologique, sociologique. Nous verrons notamment comment notre cerveau primaire, le *striatum*, nous pousse à désirer sans limites et comment la publicité et les réseaux sociaux s'emparent de cette pulsion pour nous pousser à désirer et à consommer toujours plus. Nous constaterons aussi avec René Girard la force du désir mimétique, qui nous conduit à désirer ce que les autres désirent et nous analyserons les mécanismes de la convoitise et de l'envie, qui conduisent au malheur et à la violence. Nous analyserons encore, avec Freud et les sciences biologiques, la complexité du désir sexuel.

Nous aborderons dans la seconde partie la manière dont les divers courants philosophiques et religieux de l'humanité ont cherché à réguler le désir afin de ne pas tomber dans ses pièges et ses illusions : par une norme extérieure (loi religieuse), par la raison et la modération (Aristote et Épicure), par la volonté ou le détachement (stoïcisme et bouddhisme). Nous considérerons aussi les voies contemporaines de régulation du désir, inspirées par ces voies anciennes : abstinence sexuelle, jeûne, partage, recherche d'un mode de vie plus sobre, etc.

Nous étudierons dans la dernière partie la conception spinoziste du désir comme puissance et la manière dont nous pouvons réorienter nos désirs à partir d'affects positifs, qui mobilisent notre être pour nous conduire vers des joies profondes et durables. Nous verrons en compagnie de Nietzsche, Jung ou Bergson, comment augmenter notre puissance désirante et nourrir notre élan vital, notamment par la créativité. Nous considérerons les trois dimensions de l'amour-désir – *éros*, *philia*, *agapè* – et nous verrons comment dépasser l'amour-manque de la passion amoureuse, pour parvenir à aimer pleinement, de manière vraie et joyeuse. Nous évoquerons aussi ces grands spirituels, comme Jésus, qui ont mis le désir et l'amour-don au cœur de leur message et nous considérerons enfin les raisons qui conduisent nombre de nos contemporains à réorienter leurs désirs et à changer de vie, afin d'être davantage à l'écoute d'eux-mêmes, des autres et de la planète.

Première partie

UNE SOIF INSATIABLE

1

Platon et le désir comme manque

> *« Il y a deux tragédies dans la vie. L'une est de ne pas obtenir ce que l'on désire ardemment. L'autre est de l'obtenir. »*
>
> George Bernard Shaw (XXe siècle)

Dans *Gorgias*, Platon compare le désir au tonneau percé des Danaïdes, impossible à remplir. Comment dès lors atteindre le bonheur puisque l'être humain est un perpétuel insatisfait qui ne cesse de désirer ce qu'il n'a pas ? C'est dans son plus célèbre ouvrage, *Le Banquet*, que Platon évoque la question de manière plus approfondie. Comme dans nombre de ses textes, Platon y exprime ses idées à travers la bouche de Socrate. Ce dernier se trouve invité à un banquet entre amis pour fêter le succès de l'un d'eux à un concours de tragédie. Pour allier le plaisir de la nourriture à celui de la conversation, nos amis philosophes décident de s'entretenir sur la question de l'amour. Tour à tour, ils donnent leur définition et se livrent à un éloge de l'amour. Deux discours ont retenu l'attention de la tradition philosophique : celui de Socrate et celui d'Aristophane. J'aimerais dire un mot sur ce dernier, même s'il paraît un peu moins au cœur de notre sujet, tant il a marqué les esprits occidentaux en donnant naissance au mythe de « l'âme sœur ».

Le mythe de l'âme sœur

Aristophane nous explique qu'à l'origine, tous les êtres humains étaient doubles : ils possédaient deux têtes, quatre jambes et quatre bras. Certains possédaient aussi deux sexes masculins, d'autres deux sexes féminins et d'autres encore un sexe féminin et un sexe masculin (les fameux androgynes). Comme ils tentèrent de monter jusqu'au ciel et de menacer les dieux, Zeus décida de les punir en les coupant en deux : ils seraient ainsi moins dangereux. Cela eut pour conséquence que chaque être seraient désormais à la recherche de sa moitié perdue. Certains seraient en quête d'individus du même sexe, tandis que les androgynes seraient à la recherche d'individus de sexe opposé. « C'est de ce moment que date l'amour inné des hommes les uns pour les autres : l'amour recompose l'antique nature, s'efforce de fondre deux êtres en un seul, et de guérir la nature humaine. Chacun cherche sa moitié[7] », en conclut Aristophane. Ce mythe a traversé les siècles avec bonheur et a inspiré les divers courants culturels d'exaltation de la passion amoureuse, notamment le romantisme au XIXe siècle et plus récemment le courant new age, avec la notion de « flamme jumelle » qui en est le dernier avatar. Il évoque la notion de désir comme « manque », puisqu'il nous dit que nous recherchons, et donc désirons, de manière consciente ou inconsciente, notre moitié perdue. Cette séparation originelle crée un manque qui est au fondement même du désir amoureux. Mais il nous dit aussi que ce manque sera définitivement comblé si l'être unique, jadis séparé en deux, parvient à retrouver son unité perdue à travers la rencontre des deux êtres qui le composaient : « C'est un prodige que les transports de tendresse, de confiance et d'amour dont ils sont saisis ; ils ne voudraient plus se séparer, ne fût-ce qu'un instant [8]. » Ce mythe nourrit de manière formidable les illusions de la passion amoureuse dans ce qu'elle a d'ultime : il existe quelque part sur terre un être qui m'est destiné et avec lequel je peux fusionner dans un bonheur total pour l'éternité ! Ainsi, mon sentiment de solitude existentielle disparaîtra à jamais et avec lui le sentiment de manque affectif qui m'habitait et m'attristait jusqu'alors. Je ne crois pas un seul instant à ce mythe de l'amour-fusion, qui renvoie très probablement à la nostalgie de la vie embryonnaire où le fœtus fusionnait avec sa mère, mais force est de constater qu'il a inspiré de nombreux artistes et continue de vivre, plus ou moins consciemment, dans le cœur de beaucoup d'êtres humains.

L'éros socratique

Le discours de Socrate relie aussi le désir au manque, mais d'une tout autre manière. Fait rarissime chez les philosophes grecs plutôt enclins à la misogynie, Socrate avoue que c'est une femme qui l'a instruit à propos de l'amour : Diotime. Avant d'en venir à la révélation qu'il a reçue de cette femme, Socrate commence par assimiler l'amour (*éros*) au désir, et les deux au manque : « Ce qu'on n'a pas, ce qu'on n'est pas, ce dont on manque : voilà les objets du désir et de l'amour[9]. » Selon une telle conception, nous ne cessons d'aimer et de désirer ce qui nous manque. Mais dès lors que nous possédons l'être ou la chose désirée, notre désir et notre amour s'émoussent. Du point de vue de la vie amoureuse, c'est typiquement la description de la passion : ardente, obsédante, passionnée tant que nous sommes dans l'attente et la découverte de l'autre… et qui s'éteint progressivement dès lors que la relation s'installe dans la durée. L'amour se réveillera lorsque notre désir se portera sur une autre personne. Et il en va de même pour tout ! Je désire un objet, mais une fois celui-ci en ma possession, je finis par m'en lasser et mon désir me porte vers un nouvel objet. On observe cela chez les enfants, dès le plus jeune âge : ils désirent intensément un jouet, mais s'en lassent souvent assez vite et portent leur amour-désir sur un autre jouet qu'ils ne possèdent pas encore.

Le bonheur impossible

« Si le désir est manque, le bonheur est manqué [10] », selon la belle formule de mon ami André Comte-Sponville, qui rappelle la terrible phrase du philosophe Arthur Schopenhauer, lointain disciple de Platon : « Toute notre vie oscille comme un pendule de la souffrance à l'ennui [11]. » Je souffre quand je désire ce que je n'ai pas et je m'ennuie une fois que je possède ce que j'ai désiré ! Je souffre d'être au chômage, mais je m'ennuie dans mon travail. Je souffre d'être célibataire, mais je m'ennuie en couple, etc. C'est ce qu'exprimera avec humour l'écrivain irlandais George Bernard Shaw : « Il y a deux tragédies dans la vie. L'une est de ne pas obtenir ce que l'on désire ardemment. L'autre est de l'obtenir [12] ! »

Le grand philosophe des Lumières Emmanuel Kant assimile aussi le bonheur à la satisfaction de tous nos désirs : « Le bonheur est l'état dans le monde d'un être raisonnable, à qui, dans tout le cours de son existence, tout arrive suivant son souhait et sa volonté [13]. » C'est la raison pour laquelle Kant nous dit que « le bonheur est un idéal non de la raison, mais de l'imagination [14] ». Nul être humain ne pourra bien évidemment réaliser tous ses désirs tant dans leur diversité que dans leur intensité ou dans une durée infinie. C'est pourquoi Kant parle d'un idéal imaginaire. Je partage bien sûr ce point de vue dès lors qu'on assimile bonheur et désir-manque. Mais nous verrons plus loin, avec Aristote et Spinoza, que le désir et le bonheur peuvent être considérés d'une tout autre manière, ce qui fait tomber l'objection kantienne.

L'échelle ascendante du désir et de l'amour

Platon est moins pessimiste que Schopenhauer et propose deux issues possibles à cette dialectique infernale du désir-manque, qui rend l'être humain toujours insatisfait. Tout d'abord, il explique qu'*éros* nous incite à vouloir posséder de manière éternelle. Nous ne souhaitons pas jouir d'une chose ou d'un être de manière ponctuelle, mais pour toujours. Or comme nous ne sommes pas immortels dans ce corps, il existe deux manières d'accéder à l'immortalité ici-bas : par la procréation et par la création artistique. Ainsi, les parents s'immortalisent à travers leurs enfants et les artistes à travers leurs œuvres. La seconde issue est au cœur de la théorie platonicienne des « Idées ». Socrate nous explique en effet que

Diotime lui a révélé qu'*Éros*, l'amour-désir, était une sorte de *daïmon*, de messager entre les dieux et les hommes, qui nous conduisait, telle une échelle ascendante, de la beauté des choses matérielles jusqu'à la beauté des choses les plus élevées et les plus réjouissantes, pour atteindre la contemplation du Beau en soi : « La vraie voie de l'amour, qu'on s'y engage de soi-même ou qu'on s'y laisse conduire, c'est de partir des beautés sensibles et de monter sans cesse vers cette beauté surnaturelle en passant comme par échelon d'un beau corps à deux, de deux à tous, puis des beaux corps aux belles actions, puis des belles actions aux belles sciences pour aboutir des sciences à cette science qui n'est autre que la science de la beauté absolue et pour connaître le Beau tel qu'il est en soi [15]. » Ainsi l'être humain peut-il apprendre à orienter son amour-désir vers des choses de plus en plus nobles et immatérielles qui le satisferont de plus en plus. Au terme de cette ascension, il parviendra à un état de plénitude et de béatitude suprêmes, comme l'explique encore Diotime : « Si la vie vaut jamais la peine d'être vécue, cher Socrate, c'est à ce moment où l'homme contemple la beauté en soi [...]. Songe donc quel bonheur serait pour un homme s'il pouvait voir le Beau lui-même, simple, pur, sans mélange, et contempler, au lieu d'une beauté chargée de chairs, de couleurs et de cent autres superfluités périssables, la beauté divine elle-même sous sa forme unique [16]. » Le bonheur est encore possible, mais au prix d'une élévation spirituelle incessante qui conduit l'être humain jusqu'à la contemplation de la beauté divine. Pour Platon, le désir procède ainsi d'un manque radical : il exprime la nostalgie d'un monde divin et plein. On retrouve là l'idée centrale de la pensée platonicienne : en nous incarnant, nous avons été séparés de la source divine et notre âme nostalgique n'a de cesse de vouloir retrouver l'union au divin. L'idée, présente chez Aristophane, du désir comme quête d'une unité à recouvrer avec notre être originel coupé en deux moitiés, se retrouve chez Platon sous une autre forme : celle du désir comme quête du divin dont nous sommes séparés en ce bas monde. Tandis que chez Aristophane, l'amour-désir nous porte à retrouver notre moitié perdue et à fusionner avec elle, l'amour-désir chez Platon nous pousse à retrouver le divin (le Beau, le Vrai et le Bon en soi) et à fusionner avec lui. C'est cette théorie qui a inspiré le concept « d'amour platonique », lequel porte toutefois à malentendu. Cette conception sous-entend en effet pour beaucoup l'idée d'un amour sans relation charnelle. Ce n'est pas ce qu'exprime Platon : il évoque l'idée d'une échelle ascendante de l'amour-désir qui part du corps pour s'élever jusqu'au divin. Autrement dit, le désir sexuel n'est pas nié ou évité : il est présent au début, mais demande à être dépassé et doit conduire les deux amants vers un amour-désir des choses les plus nobles, jusqu'à la contemplation de la Beauté en soi. C'est évidemment un programme d'une grande exigence, que bien peu d'êtres humains vivent, mais cela reste néanmoins un idéal vers lequel il est possible de tendre, et une issue pour sortir du piège infernal du désir-manque, qui rend le bonheur impossible.

Notre expérience quotidienne nous montre la pertinence de l'analyse platonicienne du désir comme manque : qui n'a jamais ressenti le manque, puis la satiété, puis à nouveau le manque ? Qui ne s'est jamais lassé de ce qu'il possède et n'a pas désiré ce qu'il ne possède pas ? Qui n'a pas connu le désir brûlant de la passion amoureuse et sa diminution progressive dans le quotidien de la vie de couple ? Même si, comme nous le verrons dans la troisième partie de ce livre, nous pouvons fort heureusement aussi continuer à aimer et à désirer ce que l'on possède déjà, l'analyse platonicienne repose sur une expérience universelle : celle du caractère insatiable du désir humain. Nous voulons et désirons toujours autre chose, toujours plus, toujours mieux. Les découvertes les plus récentes des neurosciences confirment non seulement ce fait, mais en apportent une passionnante explication.

2

Un cerveau nommé désir

> *« Notre cerveau est configuré pour en demander toujours plus, même quand ses besoins sont satisfaits. »*
>
> Sébastien Bohler (XXIe siècle)

Dans son ouvrage *Le Bug humain*, le polytechnicien et chercheur en neurosciences Sébastien Bohler propose une synthèse remarquable des recherches scientifiques sur le cerveau humain dans son lien avec le désir et le plaisir. Depuis quelques décennies, les progrès de l'imagerie cérébrale ont permis d'observer ce qui se passe dans notre cerveau (et dans celui d'autres mammifères, comme les rats et les grands singes) lorsque nous désirons, lorsque nous obtenons ce que nous désirons, ou lorsque nous sommes frustrés.

Composé de plus de cent milliards de neurones et d'environ un million de milliards de connexions (synapses), notre cerveau est d'une incroyable complexité. Il est le fruit d'une longue évolution et n'a cessé de grossir et de se perfectionner pour nous aider à répondre aux défis changeants de notre environnement. La partie du cerveau qui a le plus contribué à assurer la domination de l'être humain sur les autres animaux est le cortex, cette zone supérieure totalement surdimensionnée par rapport aux autres espèces. C'est grâce au cortex que l'être humain a fabriqué des outils et des technologies de plus en plus sophistiqués, qu'il a pu créer des organisations sociales complexes, se projeter dans l'avenir, ou encore développer un langage perfectionné. Le cortex cérébral est la principale arme de l'être humain, celle qui en a fait le maître de notre planète, alors qu'il était plus vulnérable que de nombreuses autres espèces. Aussi important soit-il, le cortex reste cependant soumis à une autre partie de notre cerveau, beaucoup plus archaïque, le *striatum* : une structure cérébrale profonde, composée de trois sous-territoires, le noyau caudé, le *striatum* ventral et le putamen. Présent chez la plupart des animaux (poissons, reptiles, oiseaux, mammifères), le *striatum* est programmé pour poursuivre cinq objectifs essentiels à la survie immédiate de l'individu et de l'espèce : manger, se reproduire, acquérir du pouvoir, recueillir des informations sur son environnement et obtenir tout cela en produisant le moins d'effort possible. On appelle ces cinq motivations fondamentales les « renforceurs primaires ».

Le circuit de la récompense

En étudiant les cerveaux de certains poissons, de rats ou de grands primates, on a pu observer un phénomène capital : le circuit de la récompense. Chaque fois que notre quête de nourriture, de sexe, de pouvoir ou d'information est couronnée de succès, le *striatum* libère une molécule qui apporte du plaisir : la dopamine. De plus, la dopamine a aussi pour effet de renforcer les circuits de commande neuronaux qui ont assuré la réussite de l'opération, favorisant ainsi l'apprentissage et l'amélioration des performances. Le philosophe français Henri Bergson avait déjà bien pressenti ce rôle fondamental du plaisir dans le processus de l'évolution, lorsqu'il affirmait il y a plus de cent ans : « Le plaisir n'est qu'un artifice imaginé par la nature pour obtenir de l'être vivant la conservation de la vie[17]. » On sait aujourd'hui que c'est un neuromédiateur, la dopamine, qui est la principale source du plaisir et qu'elle récompense ainsi toute action positive des renforceurs primaires. Pour l'être humain, rien n'a changé depuis des millions d'années : son *striatum* continue de l'inciter à rechercher ces expériences fondamentales, même si elles ne sont plus nécessairement liées à sa survie. Ainsi, la recherche du plaisir gustatif n'a cessé de s'affiner et un grand nombre d'êtres humains mangent de nos jours autant pour survivre que pour augmenter leur satisfaction de l'existence à travers le plaisir que procure la nourriture. Il en va de même pour la sexualité, qui peut être pratiquée pour la reproduction comme pour le seul plaisir que procure cette expérience ; ou bien la quête de pouvoir et d'un statut social, qui favorise certes encore parfois la survie, mais apporte surtout une satisfaction personnelle aux individus. Motivés par notre *striatum*, nous sommes donc naturellement en permanence en quête du plaisir que nous apportent la nourriture, le sexe, le statut social et l'information-distraction. Les scientifiques qualifient « d'incitations » les ordres du *striatum* qui nous poussent à rechercher sans cesse ces renforceurs primaires et la récompense qui accompagne leur satisfaction. Des expériences avec des souris ont montré que si on fait disparaître les neurones à dopamine du *striatum*, elles se laissent mourir en quelques semaines, car elles ne recherchent plus de nourriture. La faim a beau les tenailler, il leur manque le désir de se nourrir, le désir de vivre. On a observé le même phénomène chez des humains dont le *striatum* a été endommagé à la suite d'un accident : ils perdent leur capacité à désirer. Tout leur est égal. Symptôme que l'on retrouve dans les formes graves de dépression, où l'on peut aussi pointer une carence en dopamine et en sérotonine, les deux principales substances chimiques, qui suscitent le désir, le plaisir, l'élan vital.

Toujours plus… et plus que les autres

Les neuroscientifiques ont aussi remarqué que le *striatum* n'a pas de limites : il nous pousse à rechercher toujours plus de plaisir à travers les renforceurs primaires. Il ne dit jamais : stop ! « Notre cerveau est configuré pour en demander toujours plus, même quand ses besoins sont satisfaits[18] », écrit Sébastien Bohler. Les expériences scientifiques ont en effet montré que le système de récompense favorise l'apprentissage et le perfectionnement et que notre cerveau nous apporte du plaisir parce que nous obtenons plus que la fois précédente. Le *striatum* nous pousse ainsi, de manière compulsive, à désirer toujours plus : « Ce schéma de programmation a une conséquence dramatique : nous ne parvenons à stimuler nos circuits du plaisir qu'en augmentant les doses[19]. »

Or nous avons mis la puissance de notre cortex au service de ces motivations primaires insatiables : l'intelligence humaine s'est déployée au fil des millénaires pour nous apporter toujours davantage de plaisir à travers l'alimentation, le sexe, le prestige social et l'information-distraction et cela en déployant toujours moins d'effort. Ce que l'écrivain François de Closets décrivait dans les années 1980 comme la civilisation du « toujours plus » n'est en fait que l'expression d'une tendance inhérente au cerveau humain. L'alliance contemporaine de la technologie et du libéralisme économique (fruits de notre cortex) permet au plus grand nombre d'entre nous de répondre aux incitations de la partie la plus primaire de notre cerveau. Cette fuite en avant est catastrophique d'un point de vue écologique car il est impossible d'avoir une croissance infinie dans un monde fini et aux ressources limitées, et aussi source d'insatisfaction permanente pour les individus qui ne sont jamais satisfaits de ce qu'ils ont.

Cette tendance au « toujours plus » est renforcée par un autre facteur : la comparaison sociale, inscrite dans nos gènes, qui nous incite à posséder davantage que nos semblables. Nous avons vu que la recherche de pouvoir et d'un statut social fait partie des renforceurs primaires, ces cinq motivations fondamentales de notre *striatum*. Or les neurosciences et la psychologie sociale ont également pu démontrer que notre satisfaction est d'autant plus grande que nous nous élevons au-dessus des autres. La compétition et la domination sont inscrites au cœur de nos gènes afin de nous permettre d'obtenir davantage de nourriture, de partenaires sexuels, de biens matériels et de reconnaissance sociale. Autrement dit, nous ne cessons de nous comparer aux autres. De nombreuses études ont montré que ce n'est pas tant le salaire absolu qui compte, que le salaire relatif : nous sommes surtout satisfaits lorsque nous gagnons plus que les autres [20]. Cela avait déjà été observé chez les rats et chez les singes, qui reçoivent davantage de dopamine dans leur *striatum* lorsqu'ils obtiennent plus de nourriture que les autres, même si la quantité est moins abondante que ce qu'ils reçoivent d'habitude. Bref, comme le disait déjà Jules César : « J'aimerais mieux être le premier dans ce village que le second à Rome » !

Plaisir immédiat et plaisir différé

À cette quête biologique du toujours plus et de la comparaison sociale, il faut ajouter un autre phénomène que la psychologie expérimentale a mis au jour il y a plus de cinquante ans : plus un avantage est éloigné dans le temps, moins il a de valeur pour notre cerveau. Autrement dit, nous préférerons presque toujours un plaisir/bénéfice immédiat à un plaisir/bénéfice ultérieur, même beaucoup plus important. C'est le psychologue américain Walter Mischel qui, le premier, a observé ce fait à la fin des années 1950, à travers sa fameuse expérience du marshmallow. Il a eu un jour l'idée de mener une expérience toute simple avec ses deux petites filles : leur proposer de manger tout de suite leur bonbon préféré (un marshmallow) ou bien d'attendre trois minutes et d'en avoir deux. Ce premier test a été suivi par des milliers d'autres avec des protocoles expérimentaux beaucoup plus élaborés : remise immédiate d'une somme d'argent à des centaines d'individus, ou bien le double un an plus tard, etc. Les résultats convergent vers cette conclusion : la plupart des êtres humains préfèrent un petit plaisir/bénéfice immédiat qu'un plus grand différé dans le temps. D'une certaine manière, c'est aussi ce que nous faisons presque tous face à la crise écologique : nous avons un mal fou à bouleverser le confort de nos modes de vie actuels au profit des générations futures. La hausse immédiate de leur pouvoir d'achat préoccupe davantage les humains que la hausse des températures qui peuvent rendre à moyen terme la vie humaine sur terre impossible. On trouve une explication de cette attitude universelle à travers le fonctionnement de notre cerveau qui privilégie le présent au futur. Pendant des centaines de milliers d'années, notre cerveau a enregistré le fait qu'il était préférable à la survie de profiter immédiatement de toute bonne occasion qui se présente de satisfaire nos renforceurs primaires. Dans un monde hostile ou de rareté, il est toujours avantageux de se saisir sans attendre de la nourriture qui se présente ou de l'opportunité sexuelle, ou encore d'exercer sa domination. Ce n'est que lorsque nous vivons dans un environnement plus favorable que nous pouvons, grâce à la réflexion de notre cortex, repousser des occasions de satisfaire nos renforceurs primaires en vue d'une plus grande satisfaction ultérieure ou d'un bénéfice plus durable. Car pour ce faire, il faut avoir confiance en l'avenir, ce qui implique une certaine stabilité et prévisibilité, ou bien une foi profonde en la vie.

Satisfaction et insatisfaction

Les neurosciences fournissent ainsi une explication du mécanisme du désir qui fait parfaitement écho à celle décrite par les philosophes de l'Antiquité. Or, comme nous l'avons déjà évoqué, ce désir insatiable est autant source de satisfaction que de frustration. Satisfaction de manger non seulement à sa faim, mais avec appétit ; satisfaction d'avoir une vie sexuelle épanouissante ; satisfaction de progresser dans son statut social ; satisfaction d'avoir accès facilement à un maximum d'informations et à de nombreuses distractions. Comment s'en plaindre quand on sait que nos ancêtres devaient fournir infiniment plus d'efforts que nous pour se procurer ces mêmes satisfactions et qu'elles demeuraient très précaires ? Grâce à son cortex, l'être humain a su se procurer de manière plus facile et durable ce que son *striatum* le pousse à désirer. Le revers de la médaille, c'est que nous découvrons que cette abondance et cette facilité ne nous rendent pas forcément heureux, car notre cerveau primaire nous incite à désirer sans cesse autre chose et que le système économique et la publicité ne font que renforcer cette frustration afin de nous pousser à consommer toujours davantage.

3

Le désir mimétique

« En règle générale nous désirons ce que désirent les hommes autour de nous. »
René Girard (XXe siècle)

Au regard de ces motivations impulsées par notre cerveau primaire qui conditionnent fortement nos désirs, il convient d'expliciter trois dimensions exclusivement sociales du désir, mises en lumière par les sciences humaines : nous désirons ce que les autres désirent (désir mimétique), ce que les autres possèdent (convoitise) et nous comparons notre bonheur au leur (envie).

René Girard et le désir mimétique

Le philosophe et anthropologue français René Girard, qui enseigna toute sa vie aux États-Unis, est le père de la théorie mimétique. Voici comment il définit le désir mimétique : « À la différence de nos besoins qui se passent très bien des autres pour se manifester à nous, car notre corps leur suffit, nos désirs ont une dimension sociale irréductible. Derrière nos désirs, il y a toujours un modèle ou médiateur le plus souvent non reconnu par le tiers et même pas reconnu par celui qui l'imite. En règle générale nous désirons ce que désirent les hommes autour de nous. Nos modèles peuvent être réels aussi bien qu'imaginaires, collectifs aussi bien qu'individuels. Nous imitons les désirs de ceux que nous admirons. Nous voulons "devenir comme eux", leur subtiliser leur être. Le désir n'est pas mimétique seulement chez les médiocres, ceux que les existentialistes, à la suite de Heidegger, qualifiaient d'inauthentiques, mais chez tous les hommes sans exception, y compris le plus authentique à nos propres yeux, nous-même[21]. »

René Girard a exposé sa théorie du désir mimétique dans un ouvrage passionnant publié en 1961 : *Mensonge romantique et vérité romanesque*. Il oppose la thèse romantique, qui valorise le caractère spontané et authentique du désir chez l'individu, à ce que démontrent cinq grands romanciers à travers leur œuvre – Cervantès, Stendhal, Flaubert, Dostoïevski et Proust –, à savoir que le désir humain est essentiellement mimétique. Les héros de ces romans imitent les désirs de personnages qu'ils prennent comme modèle. Leur désir en imite un autre. Si Don Quichotte se jette sur les moulins à vent, c'est parce qu'il est convaincu que le modèle des chevaliers errants – Amadis de

Gaule – en ferait autant. Emma Bovary « programme » son désir sur les romans sentimentaux qu'elle a lus dans sa jeunesse. Dans *Le Rouge et le Noir*, Stendhal fait de Julien Sorel le type même du « vaniteux », qui ne peut qu'emprunter ses désirs à autrui. Il en va tout autant de M. de Rênal, qui est prêt à embaucher Julien comme précepteur pour ses enfants à n'importe quel prix, parce qu'il est persuadé que son rival, Valenod, a le même désir. De même à la fin du roman, Julien parvient à reconquérir Mathilde de La Mole en ayant recours à une ruse : susciter le désir de la maréchale de Fervaques et l'offrir en spectacle à Mathilde afin que cette dernière ressente à nouveau du désir pour Julien… par mimétisme. À la figure du « vaniteux » des romans de Stendhal fait écho celle du « snob » dans les romans de Proust, qui copie servilement l'être dont il envie la naissance, la fortune ou « le chic ». « Le mimétisme du désir est tel dans *La Recherche du temps perdu*, écrit René Girard, que les personnages seront dits jaloux ou snobs suivant que leur médiateur est amoureux ou mondain. La conception triangulaire du désir nous donne accès au lieu proustien par excellence, c'est-à-dire au point d'intersection entre l'amour-jalousie et le snobisme[22]. » Proust montre aussi, à travers l'évocation de ses propres souvenirs, que les désirs de l'enfant sont essentiellement mimétiques. Le petit Marcel désirait ce que des adultes qu'il admirait désiraient. Ainsi a-t-il un désir intense de voir jouer la Berma du seul fait qu'un adulte qu'il admire (Bergotte) adore la grande actrice. Et même s'il est déçu par le spectacle, l'enfant s'émerveille de la performance de l'actrice au récit qu'en fait son modèle (Bergotte). Le désir proustien est le triomphe de la suggestion sur l'impression. C'est toujours chez le narrateur une conversation, le plaisir qu'il lit sur un visage, un avis exprimé par une personne qu'il admire, qui déclenchent le travail de l'imagination et suscitent le désir. « Ce qu'il y avait d'abord en moi de plus intime, écrit Proust, la poignée sans cesse en mouvement qui gouvernait le reste, c'était la croyance en la richesse philosophique, en la beauté du livre que je lisais, et mon désir de me les approprier, quel que fût le livre. Car, même si je l'avais acheté à Combray… c'est que je l'avais reconnu pour m'avoir été cité comme un ouvrage remarquable par le professeur ou le camarade qui me paraissait à cette époque détenir le secret de la vérité et de la beauté[23]. »

Face à la pensée romantique qui valorise la singularité et la spontanéité du désir, les romanciers révèlent ainsi le caractère universel du désir mimétique et sa mécanique triangulaire. Le médiateur du désir est le plus souvent un modèle que l'on souhaite imiter, mais il peut être aussi un rival. René Girard a apporté un éclairage saisissant sur la puissance du désir mimétique. Faut-il pour autant le suivre lorsqu'il affirme que tout désir est mimétique et s'inscrit uniquement dans un cadre social ? Un simple travail d'introspection me conduit à relativiser le caractère trop abrupt de cette affirmation. Si je considère mes désirs d'enfant, je peux en effet pointer nombre de désirs, conscients ou inconscients, inspirés par les adultes ou des modèles qui m'entourent : pratiquer le ski ou la randonnée, suivre des études intellectuelles, écouter de la musique classique… Mais j'observe aussi l'émergence de désirs et de goûts plus personnels que n'avaient ni mes parents, ni mes frères et sœurs, ni d'autres adultes que j'aurais pu admirer : écrire des romans (j'ai écrit ma première nouvelle à 12 ans), jouer de la batterie et créer un groupe rock à 15 ans, réaliser un jour des films de cinéma (désir encore non exaucé !), etc. Je suis convaincu que la réalité est plus nuancée que ne l'affirme René Girard : il existe chez les individus des désirs spontanés, liés à leur nature singulière, et des désirs mimétiques, inspirés par leurs modèles ou leurs rivaux. L'apport de Girard consiste surtout à avoir dévoilé la puissance du désir mimétique dans nos vies (et notamment à l'adolescence) alors que nous sommes convaincus de la spontanéité de tous nos désirs. Il nous incite ainsi à un effort de lucidité et de discernement, à la manière de Spinoza et de Freud, qui ont démystifié la croyance en la toute-puissance de notre libre arbitre, alors que la plupart de nos actes sont déterminés par des affects inconscients.

Bouc émissaire et mimétisme

À partir de cette première œuvre majeure, René Girard va poursuivre toute sa vie cette recherche sur le désir mimétique, mais à travers cette fois sa dimension collective. Dans ses ouvrages ultérieurs, il se concentrera sur le phénomène du bouc émissaire et la dimension mimétique qu'il sous-tend. L'expression est tirée de la Bible : à l'occasion de la fête de Yom Kippour, le grand prêtre chassait dans le désert un bouc qu'il avait chargé de tous les péchés d'Israël. Elle s'est généralisée à partir du XVIIIe siècle, pour désigner toute personne, ou tout groupe minoritaire, injustement persécuté(e) par un groupe majoritaire. Dans *La Violence et le Sacré*, René Girard montre qu'il s'agit d'un mécanisme de catharsis communautaire visant à accabler un individu dont l'innocence échappe au groupe du fait même de son unanimité à désigner la victime comme responsable de ses maux. Il montre ainsi le caractère mimétique à l'œuvre dans tous les phénomènes de violence collective : « Comment expliquer la tendance des foules à se rassembler unanimement contre tant de victimes faussement perçues comme coupables ? Ce qui opère ce tour de force, ce n'est pas l'accumulation d'observations indépendantes les unes des autres, toutes concordantes en raison de leur exactitude… c'est la contagion mimétique bien entendu. La haine du bouc émissaire s'attrape comme une maladie contagieuse, au contact d'une foule déjà contaminée par cette haine[24]. » Dans son ouvrage le plus célèbre, *Des choses cachées depuis la fondation du monde*, il tente de montrer le caractère infondé et destructeur du mécanisme victimaire : contrairement à ce que nous disent les mythes et les religions archaïques, la victime est innocente et cette innocence est montrée de manière admirable par les Évangiles, où Jésus apparaît comme la victime expiatoire d'une violence collective : « Il vaut mieux qu'un seul homme meure et que le peuple ne périsse pas tout entier », selon les paroles du grand prêtre Caïphe, qui fit livrer Jésus à Pilate pour qu'il soit condamné à mort. « La réhabilitation des boucs émissaires dans la Bible et dans les Évangiles, c'est l'aventure la plus extraordinaire et la plus féconde de toute l'humanité, la plus indispensable, à la création d'une société vraiment humaine, affirme Girard. C'est ce que j'appelle la révélation destructrice du mécanisme du bouc émissaire, et elle n'a pas achevé son parcours ; elle est encore en route vers nous[25]. » Tant que nous n'aurons pas en effet pleinement conscientisé le phénomène du mécanisme mimétique à l'œuvre dans nos sociétés, nous continuerons de désigner des boucs émissaires, de rendre responsable un individu, ou un groupe minoritaire, de tous nos maux. Que ce soit donc sur le plan du désir individuel ou des comportements collectifs, René Girard nous invite de manière salutaire à une prise de conscience de la force du mimétisme.

4

L'envie

« Ce bourreau de l'esprit quel est-il ?
C'est l'envie. »

Voltaire (XVIIIe siècle)

Si le désir mimétique nous incite à désirer ce que les autres désirent, il existe aussi une tendance universelle qui consiste à désirer ce que les autres possèdent, mais aussi à s'attrister du bonheur d'autrui et à souhaiter son malheur. Ces deux sentiments portent le même nom – l'envie –, alors qu'ils ne recouvrent pas la même réalité. Dans le premier cas, nous avons envie de quelque chose que possède autrui. On pourrait alors parler de convoitise : je convoite la femme de mon voisin ou la voiture de tel collègue. Dans le second cas, nous envions quelqu'un qui est heureux et nous éprouvons du ressentiment envers lui. Ce ressentiment peut se transformer en haine et nous pouvons en arriver à souhaiter, ou même provoquer, son malheur.

De l'envie à la haine

C'est ce second sentiment qui a surtout intéressé les philosophes, car il s'agit d'un trait de l'âme humaine assez étonnant : la réussite ou le bonheur d'autrui me rend malheureux, alors que je ne souhaite pas nécessairement posséder ce qu'il possède. Aristote définit ainsi l'envie comme « une peine ressentie à l'égard de nos pairs après leur réussite manifeste dans l'obtention de certains biens, peine ressentie non pas en vue de notre intérêt personnel, mais uniquement à cause de ces pairs [26] ». Autrement dit, ce ne sont pas tant les biens d'autrui que nous envions, que le bonheur de ceux qui les possèdent par un effet de comparaison. Aristote oppose ainsi l'envie à la pitié : cette dernière est une peine ressentie à l'égard du malheur d'autrui, tandis que l'envie est une « peine troublante » face au bonheur d'autrui. Il prend soin aussi de distinguer l'envie de l'indignation – peine ressentie devant le bonheur ou la réussite de quelqu'un ne le méritant pas – ou de l'émulation, qui nous incite à obtenir des biens que possède autrui et que nous souhaitons aussi obtenir : « L'émulation est une passion honnête et de gens honnêtes et l'envie est une passion vile de gens vils ; car l'un se met, par émulation, en état d'obtenir ces biens, l'autre, par envie, empêche son prochain de les avoir [27]. » Le philosophe souligne encore que nous envions uniquement des gens que nous considérons comme nos pairs, auquel nous nous comparons, mais jamais des gens très éloignés de nous, tant par la distance que par la fortune. Spinoza partage aussi ce point de vue et affirme dans l'*Éthique* que nous n'envions que ceux que nous supposons de même nature que nous[28]. L'étymologie grecque du mot « envie » (*phthonos*) renvoie à l'idée de malveillance : souhaiter ou se réjouir du malheur d'autrui. L'envieux ne désire rien d'autre que détruire ou voir chuter celui ou celle qu'il envie.

La joie de l'autre diminue ma joie

Comment expliquer la naissance d'un tel sentiment ? S'inspirant des analyses d'Aristote, le grand théologien médiéval Thomas d'Aquin écrit dans sa *Somme théologique* : « L'envie consiste à s'attrister du bien du prochain comme s'il diminuait le nôtre et qu'il nous fît du mal[29]. » Cette idée est reprise par le philosophe anglais David Hume quelques siècles plus tard : nous jugeons de notre bonheur ou de notre malheur en comparaison avec celui que nous observons chez autrui. Ainsi, le spectacle du malheur d'autrui nous donne une idée plus vive de notre bonheur, et inversement celui du bonheur d'autrui de notre malheur. L'envie est ainsi « éveillée par la joie actuelle d'autrui, laquelle, par comparaison, diminue notre idée de notre joie propre[30] ». Il en découle du ressentiment ou de la haine, qui nous incitent à souhaiter le malheur d'autrui.

La plupart des penseurs grecs, et à leur suite de nombreux théologiens chrétiens, considèrent l'envie comme le pire de tous les vices, celui qui corrompt le plus l'âme humaine. C'est pourquoi l'iconographie du Moyen Âge et de la Renaissance le représente souvent sous la forme d'une vieille femme ou d'un vieillard décrépit, au regard glacé par la haine, qui caresse un serpent, symbolisant le venin que distillent les envieux par leur médisance. Les philosophes des Lumières ne sont pas moins tendres envers ce « vice hideux, cette passion morose qui se retourne contre elle-même, et qui cherche, ne serait-ce qu'en pensée, à détruire le bonheur d'autrui [31] », selon les mots de Kant, auxquels font écho ceux de Voltaire :

> « Si l'homme est créé libre, il doit se gouverner,
> Si l'homme a des tyrans, il doit les détrôner.
> On ne le sait que trop, ces tyrans sont les vices.
> Le plus cruel de tous dans ses sombres caprices,
> Le plus lâche à la fois, et le plus acharné,
> Qui plonge au fond du cœur un trait empoisonné,
> Ce bourreau de l'esprit, quel est-il ? C'est l'envie [32]. »

Du désir aux envies

Il convient donc de bien distinguer plusieurs notions similaires que recouvrent parfois les mêmes mots : l'envie pure, telle que je viens de la décrire, et qui se porte uniquement sur des personnes que nous considérons comme des pairs et auxquelles nous nous comparons ; l'envie comme convoitise, qui se porte sur des biens ou des personnes ; mais aussi la jalousie, qui se porte aussi sur des biens et des personnes, mais dans un trio qui pousse le jaloux à évincer un tiers gênant.

Envie, convoitise, jalousie sont, d'une manière ou d'une autre, des dérivés ou des grimaces du désir. Dans le langage courant, on utilise aussi le mot « envie » comme synonyme de désir : j'ai envie d'une glace, j'ai envie de faire l'amour avec telle personne, j'ai envie de passer mes vacances au bord de la mer, j'ai envie de me mettre au piano, j'ai envie d'acheter telle voiture… Nous avons tous des « envies », qui sont la manifestation de besoins corporels ou de désirs les plus divers. Du fait que le mot sert le plus couramment à qualifier nos besoins corporels, il tend à ramener nos désirs à ces types de besoins et diminue en quelque sorte l'intensité ou la profondeur du désir exprimé. Ce n'est pas la même chose de dire à quelqu'un « j'ai envie de toi » ou « je te désire ». La première expression fait, consciemment ou inconsciemment, écho à la satisfaction d'un besoin physiologique, comme on dirait : « J'ai envie d'une bonne bière bien fraîche », tandis que la seconde semble engager davantage notre être tout entier : nos émotions, notre affectivité, notre élan vital. C'est pourquoi, inversement, nous exprimerons rarement un besoin physiologique par le mot désir : « Je désire aller aux toilettes » ou « Je désire un Coca ». Il apparaît comme trop fort. Il en va de même pour les biens matériels que nous désirons. Dans le langage courant, nous les qualifions le plus souvent « d'envies » : j'ai envie d'un nouvel ordinateur, d'une paire de baskets, d'un vélo électrique, etc. Inversement, lorsque nous évoquons des désirs plus profonds, qui renvoient à quelque chose d'immatériel ou de plus intime, nous parlons spontanément de désirs : « Je désire réorienter ma vie professionnelle » ; « Je désire partir vivre à l'étranger » ; « Je désire me marier ou avoir un enfant » ; « Je désire me cultiver davantage ». Le choix, encore une fois conscient ou inconscient, du mot que nous utilisons pour qualifier nos désirs n'est pas neutre, et le mot « envie » exprime le plus souvent un besoin corporel ou un objet matériel. C'est pourquoi on pourrait dire, comme nous allons maintenant le voir, que la société de consommation réduit bien souvent nos désirs à des envies.

5

Consumérisme et manipulation du désir

> *« On nous inflige des désirs qui nous affligent. »*
>
> Alain Souchon (XXe siècle)

Dans son ouvrage *La Fin du travail*, l'économiste américain Jeremy Rifkin explique comment à partir des années 1920, les grandes sociétés américaines furent confrontées à la nécessité de produire davantage pour maintenir et augmenter leurs bénéfices et qu'il fallait convaincre une majorité de foyers d'acheter des produits dont ils n'avaient pas besoin. Pour y parvenir, le levier utilisé par la publicité fut celui de la comparaison sociale, en associant une marque à un signe de réussite.

Créer « une insatisfaction organisée »

Les publicitaires multiplièrent alors les slogans du type : « Savez-vous que votre voisin possède déjà la Ford Mustang à 6 cylindres ? », alors qu'il n'était absolument pas nécessaire d'avoir une voiture si puissante. Le procédé fonctionna à merveille car les publicitaires avaient découvert, sans le savoir, que notre cerveau recherchait sans cesse à améliorer notre statut social à travers des signes extérieurs superficiels : montres, chaussures, voitures, téléphones... Les publicitaires découvrirent aussi que nous étions de perpétuels insatisfaits et que le seul moyen de nous rassasier était de créer un produit encore plus performant, sophistiqué ou clinquant. Comme le déclara à l'époque Charles Kettering, le vice-président de General Motors : « La clé de la prospérité économique, c'est la création d'une insatisfaction organisée. » Rifkin mentionne aussi un rapport édifiant sur l'état de l'économie commandé en 1929 par le président Hoover. En voici un extrait : « L'enquête démontre de façon sûre ce qu'on avait tenu longtemps pour vrai en théorie, à savoir que les désirs sont insatiables ; qu'un désir satisfait ouvre la voie à un autre. Pour conclure, nous dirons qu'au plan économique un champ sans limites s'offre à nous ; de nouveaux besoins ouvriront sans cesse la voie à d'autres plus nouveaux encore, dès que les premiers seront satisfaits [...]. La publicité et autres moyens promotionnels [...] ont attelé la production à une puissance motrice quantifiable [...]. Il semble que nous pouvons continuer à augmenter l'activité [...]. Notre situation est heureuse, notre élan extraordinaire[33]. »

« Les besoins sont le fruit de la production »

Un autre célèbre économiste américain, Kenneth Galbraith, professeur à Harvard et conseiller spécial du président Kennedy, a parfaitement analysé dans les années 1960 les ressorts du consumérisme, en démontrant que sous le couvert du discours libéral, nos choix nous sont dictés par persuasion. La liberté et la souveraineté du consommateur, vantées par les chantres du néolibéralisme, ne sont que mystification. Celui-ci est en fait contraint par l'offre et le discours publicitaire. « Les besoins sont en réalité le fruit de la production », affirme Galbraith, ce qui signifie qu'en fin de compte, l'économie a pour principale mission de créer les besoins qu'elle cherche à satisfaire et que le consommateur est incité à consommer toujours plus, par toutes sortes de moyens persuasifs, qui jouent notamment sur les ressorts, parfois inconscients, de la comparaison sociale et du besoin de reconnaissance. « L'individu sert le système industriel non pas en lui apportant ses économies et en lui fournissant son capital, mais en consommant ses produits, écrit Galbraith. Il n'y a d'ailleurs aucune autre activité religieuse, politique ou morale à laquelle on le prépare de manière aussi complète, aussi savante et aussi coûteuse[34]. » Pour Galbraith et de nombreux autres chercheurs (Gervasi, Parsons, Riesman), les besoins sont toujours reliés à des valeurs, celles de la société à laquelle on appartient, et leur satisfaction a d'abord le sens d'adhésion à ces valeurs. Le choix fondamental de l'individu, c'est finalement celui d'accepter – ou non – le mode de vie et de se conformer aux valeurs d'une société particulière.

Le dressage des individus

Le sociologue français Jean Baudrillard a écrit en 1970 un ouvrage magistral, *La Société de consommation*, qui n'a pas pris une ride. Il complète et affine les théories des économistes américains mentionnés plus haut, en montrant la dimension symbolique, mythique et même magique à l'œuvre dans nos sociétés modernes consuméristes. Il dénonce aussi l'erreur des économistes néolibéraux qui pensent que la violence sociale diminue dans les sociétés occidentales grâce à l'abondance et à la libre satisfaction des besoins, alors que, selon lui, la société de consommation fonctionne relativement bien parce qu'elle met en œuvre un véritable dressage des individus, qui intériorisent la règle du jeu et les valeurs qu'elle prône. « Elle n'est pas du tout un secteur marginal d'indétermination, où l'individu, ailleurs partout contraint par les règles sociales, recouvrerait enfin une marge de liberté et de jeu personnel. Elle est une conduite active et collective, elle est une contrainte, elle est une morale, elle est une institution. Elle est tout un système de valeurs, avec ce que ce terme implique comme fonction d'intégration du groupe et de contrôle social [...]. C'est ainsi que la consommation peut se substituer à elle seule à toutes les idéologies, et à la longue assumer à elle seule l'intégration de toute une société, comme le faisaient les rituels hiérarchiques ou religieux de sociétés primitives [...]. On peut donc avancer que l'ère de la consommation étant l'aboutissement historique de tout le processus de productivité accélérée sous le signe du capital, elle est aussi l'ère de l'aliénation radicale. La logique de la marchandise s'est généralisée, régissant aujourd'hui non seulement les processus de travail et les biens matériels mais la culture entière, la sexualité, les relations humaines, jusqu'aux phantasmes et aux pulsions individuelles. Tout est repris par cette logique, non seulement au sens où toutes les fonctions, tous les besoins sont objectivés et manipulés en termes de profit, mais au sens plus profond où tout est *spectacularisé*, c'est-à-dire évoqué, provoqué, orchestré en images, en signes, en modèles consommables[35]. » Jean Baudrillard n'hésite pas non plus à comparer la mentalité consumériste à la pensée magique des sociétés archaïques, car elle repose aussi en la croyance dans la toute-puissance des signes : nous *croyons* aux signes du bonheur et de la réussite que nous propose la société de consommation et c'est pourquoi nous les désirons.

Consumérisme et conformisme

Rêvé par les uns, dépassé par les autres, c'est le standard de l'*american way of life* qui s'impose depuis des décennies en Occident et qui est en train de gagner le monde entier. Le consommateur moderne est extrêmement conformiste : il cherche à adopter le mode de vie qu'on lui propose avec les signes de reconnaissance sociale qui l'accompagnent. Son esprit critique est très faible, ses désirs sont mimétiques et se muent en envies : celles suggérées par la société et le matraquage publicitaire et bien souvent aussi médiatique (combien de fois les médias nous vantent les progrès technologiques et les avantages des nouveaux produits ?). L'ado rêve d'acquérir une paire de Nike à la mode, un iPhone ou la dernière console de jeux vidéo et l'adulte une grosse voiture, une montre tape-à-l'œil ou un sac à main de luxe. La célèbre réplique du publicitaire Jacques Seguéla – « À 50 ans, si on ne peut s'offrir une Rolex, c'est quand même qu'on a raté sa vie » – exprime parfaitement cette injonction à consommer pour exister… à nos propres yeux et à ceux des autres. Le marketing crée de nouveaux désirs et nous fait apparaître comme indispensables des objets dont l'humanité a très bien pu se passer pendant des millénaires. C'est ce qu'on appelle « la désirabilité » du produit. La rareté est l'une des clés essentielles pour rendre un produit désirable : c'est le secret du succès de l'industrie du luxe. Telle montre, telle voiture ou tel sac à main sont d'autant plus désirables qu'ils sont chers, produits en petite quantité et qu'il faut parfois des mois pour les obtenir.

Je consomme, donc je suis

Au cours des deux dernières décennies, la publicité a joué un peu moins ouvertement sur le registre de la comparaison sociale (à force d'être utilisée, la technique s'érode) et davantage sur la thématique, très en vogue, de l'authenticité et de l'accomplissement de soi. Rien de mieux pour rendre un produit désirable que d'affirmer qu'il nous permet d'être pleinement nous-mêmes, ou qu'il correspond parfaitement à ce que nous sommes. Discours absurde, puisqu'il s'adresse à des millions, voire à ces centaines de millions d'individus, qui sont tous différents. Mais peu importe le mensonge publicitaire : il récupère une aspiration profonde à être soi, à être fidèle à ses désirs les plus authentiques. On vend donc à des individus de la personnalisation, alors qu'il n'y a rien de plus impersonnel que le produit standardisé et marqueté d'une grande marque vendue dans le monde entier ! Il n'y a rien de plus conformiste que d'acheter un produit vanté par la publicité, mais le consommateur doit se persuader que sa décision d'achat est personnelle, qu'il achète un produit adapté à ce qu'il est, qui correspond à son désir le plus intime. Cela n'est rendu possible que par le mécanisme, déjà évoqué, du désir mimétique. C'est parce que je vois une personne (le plus souvent une star) à laquelle je m'identifie vanter les qualités de ce produit en affirmant qu'elle est ainsi pleinement elle-même, que je vais croire qu'il en sera de même pour moi. Mon désir – mon envie devrais-je mieux dire, tant le désir est ici appauvri – imite celui d'un modèle.

Perte d'esprit critique et appauvrissement du désir

Conformisme, imitation, perte d'esprit critique, appauvrissement du désir : la société de consommation produit une dépersonnalisation croissante qui a de quoi inquiéter. Elle tente évidemment de la masquer par un discours trompeur sur la liberté de choix et l'accomplissement de soi, mais elle réduit en fait les individus à l'état de consommateurs abrutis, esclaves des impulsions de leur cerveau primaire et de leurs envies mimétiques. L'idéologie néolibérale, qui porte le système consumériste, nous promet la liberté et le bonheur, alors que ce système est source de servilité et de frustration. Nous sommes dressés, soumis, manipulés dans nos désirs… et perpétuellement insatisfaits.

Pour en sortir, il s'agit de quitter les impératifs catégoriques de nos sociétés, qui associent le bonheur à la réussite sociale et à la seule jouissance des biens matériels ; il convient de renforcer notre discernement et notre esprit critique ; et surtout d'apprendre à nous reconnecter à nos désirs profonds, réellement personnels, et à l'élan vital qui les porte. C'est ce que nous verrons dans la troisième partie. Mais il faut encore porter notre attention sur un point préoccupant : la manière dont le désir des enfants et des adolescents est manipulé, à travers, notamment, les réseaux sociaux.

6

Petite Poucette aliénée

> « *Dieu seul sait ce que nous sommes en train de faire avec le cerveau de nos enfants.* »
>
> Sean Parker, ancien vice-président de Facebook (XXIe siècle)

Lorsque le regretté Michel Serres a publié en 2012 son bel ouvrage *Petite Poucette*, j'étais beaucoup plus dubitatif que lui quant à sa bienveillance à l'égard des réseaux sociaux, car je commençais à voir autour de moi des adolescents passer plusieurs heures par jour sur leur smartphone, guettant anxieusement un nouveau commentaire, un *like*, etc. Les informations et les études que nous avons aujourd'hui, avec dix ans de recul, ne font hélas que confirmer cette crainte. En France, selon une étude de Médiamétrie publiée le 24 novembre 2021, les 15-24 ans passent en moyenne chaque jour 3 h 41 à surfer sur Internet via leur smartphone, contre 1 h 37 pour l'ensemble de la population. Ce chiffre n'a cessé d'augmenter au fil des ans et l'essentiel de ce temps est consacré aux réseaux sociaux. Il existe actuellement 4,2 milliards de comptes actifs dans le monde. Or, la majorité de ces réseaux (comme Facebook, Instagram, TikTok, Snapchat) proposent à l'utilisateur de créer un profil qui devient sa carte de visite, la vitrine par laquelle les jeunes se donnent à voir aux autres. Et chaque post ou chaque story lui offre la possibilité de toucher sa communauté et d'accroître sa notoriété, de transmettre une bonne image de lui, le plus souvent idéalisée par la mise en scène des photos ou des vidéos et l'utilisation de filtres ou de retouches. Inversement, une réputation peut être facilement abîmée par une info ou une photo postée par quelqu'un de malveillant. Les *sextapes*, qui conduisent chaque année des dizaines d'adolescents au suicide, sont un des exemples les plus dévastateurs.

Réseaux sociaux et besoin de reconnaissance sociale

Ce qui se joue avant tout dans ce type de réseaux sociaux, c'est notre besoin primaire de reconnaissance sociale, dont nous avons vu que notre cerveau primaire était friand. Le succès des réseaux sociaux tient principalement à notre désir d'être admiré, aimé, reconnu socialement. Et la récompense, c'est le shoot de dopamine que notre cerveau produit à chaque nouveau *like* ou commentaire positif reçu. Ces réseaux sociaux engendrent une addiction à la dopamine via notre désir de reconnaissance sociale. Ils ont d'ailleurs été créés pour cela et n'ont cessé d'être perfectionnés, comme l'ont reconnu depuis de nombreux anciens cadres de Facebook, afin de rendre les ados toujours plus dépendants de l'application. Le cri d'alarme a été lancé en novembre 2017 par Sean Parker, un des pionniers de Fabecook, qui a déclaré qu'il était devenu un « objecteur de conscience » aux médias sociaux, et que Facebook et d'autres avaient réussi en « exploitant une vulnérabilité de la psychologie humaine ». Et d'ajouter cette parole qui a fait le tour du Web : « Dieu seul sait ce que nous sommes en train de faire avec le cerveau de nos enfants. »[36] Dans la foulée, en décembre 2017, l'ancien vice-président pour la croissance des utilisateurs de la célèbre firme californienne, Chamath Palihapitiya, recommande aux étudiants de la Stanford Graduate School of Business de faire une « pause dure » des réseaux sociaux et confesse qu'il regrette d'avoir conçu un système qui manipule et détruit le psychisme des adolescents en créant une incertitude permanente quant à leur propre valeur en les incitant à se connecter en permanence pour se rassurer, ce qui produit l'effet inverse[37].

Le chercheur en neurosciences Sébastien Bohler s'interroge fort à propos : « Pourquoi les adolescents sont-ils particulièrement démunis face aux situations comportant un fort enjeu social ? La réponse est que leur cerveau est, d'une certaine façon, un "pur *striatum*". Vers l'âge de 15 ans chez les garçons – un peu plus tôt chez les filles – les parties centrales du cerveau comme l'aire tegmentale ventrale, le noyau accumbens, le pallidum ou le noyau caudé, dont les neurones communiquent en diffusant de larges quantités de dopamine, sont en plein développement, ce qui se traduit par un éveil du désir sexuel, mais aussi une forte sensibilité aux questions de statut social[38]. »

Le business de l'addiction

Les raisons qui poussent les géants du Web à capter le plus possible l'attention des adolescents sur les réseaux sociaux en utilisant leur besoin de reconnaissance sociale sont purement mercantiles. Même si leur utilisation est gratuite, ils ont mis en place un système d'algorithmes qui permet de connaître les goûts et centres d'intérêt des utilisateurs et de leur envoyer des notifications et des publicités ciblées. Aux États-Unis, 44 % des revenus publicitaires sont aujourd'hui engrangés par le numérique, et Google et Facebook absorbent les deux tiers de toute nouvelle publicité. C'est donc en prenant connaissance à notre insu de nos désirs, de nos répulsions, de nos habitudes, que l'industrie du Web tire un immense profit. Pour cela, tous les moyens sont bons, quitte à manipuler et à détruire le psychisme des adolescents. Dans le passionnant documentaire produit et diffusé en 2020 par Netflix – *Derrière nos écrans de fumée* –, Tristan Harris, ex-éthicien de Google et cofondateur du Center for human technology, résume parfaitement bien le problème : « En général un outil est simplement placé dans un coin en attendant d'être utilisé. Il attend patiemment. Ce n'est plus un outil du moment que ça vous demande quelque chose, que ça tente de vous séduire, de vous manipuler pour arriver à ses fins. On est passé d'un environnement où les inventions étaient de simples outils à un environnement où ils favorisent l'addiction et la manipulation ! C'est ça qui a changé. Les réseaux sociaux ne sont pas des outils qui attendent d'être utilisés, ils ont leurs propres objectifs. Pour les atteindre, ils utilisent des techniques de psychologie contre vous. » On comprend mieux pourquoi la plupart des jeunes patrons de la Silicon Valley envoient leurs enfants dans des écoles où les tablettes et les smartphones sont interdits, et pourquoi Steve Jobs, le charismatique fondateur d'Apple, avait confessé au *New York Times* peu de temps avant de mourir qu'il refusait que son fils utilise la tablette numérique – l'iPad – qu'il venait de lancer sur le marché. Dans son livre édifiant, *La Civilisation du poisson rouge*, mon ami Bruno Patino, l'actuel PDG d'Arte qui a été un des pionniers du numérique dans les médias en France, confie : « L'utopie initiale est en train de mourir, tuée par les monstres auxquels elle a donné naissance. Deux forces ignorées par les libertaires se sont déployées en l'absence d'entraves : l'emportement collectif né des passions individuelles et le pouvoir économique né de l'accumulation. Nos addictions ne sont que le résultat du lien établi entre l'un et l'autre, et de la superstructure économique qui les fait se nourrir l'un de l'autre, se renforcer mutuellement au détriment de notre liberté [39]. »

Les nouvelles maladies du Web

Comment sortir – et comment aider nos adolescents à sortir – de cette « servitude volontaire », pour reprendre l'expression de La Boétie ? En la cruelle absence de réglementation mondiale, il n'y a pour l'instant guère d'autre solution que la modération individuelle. Apprendre à nous limiter en comprenant les enjeux pour notre liberté et notre santé, mentale et physique, à ne pas devenir addicts au Web. De nombreuses études psychologiques ont montré les dégâts considérables engendrés par l'addiction aux réseaux sociaux, notamment chez les jeunes, comme les troubles de l'attention et du sommeil liés à une hyperactivité du cerveau, ou bien les problèmes d'estime de soi, qui conduisent les ados à consulter sans cesse leur profil afin de vérifier leurs *likes* et les commentaires de leurs posts. Selon le Center

Disease Control and Prevention, on observe une augmentation très forte de l'anxiété et des angoisses chez les jeunes Américains nés après 1996 (génération Z). Les admissions à l'hôpital des jeunes filles pour automutilation ont bondi entre 2009 et 2015 : + 62 % chez les 15 à 19 ans et + 189 % pour les filles de 10-14 ans. Même chose pour les suicides : entre 2009 et 2019, comparé à la période 2001-2010, + 70 % chez les 15-19 ans et + 151 % chez les 10-14 ans. Tout porte à croire que c'est à cause des réseaux sociaux.

Il existe de nouvelles maladies liées à l'addiction aux réseaux sociaux : le syndrome d'anxiété, c'est-à-dire le besoin compulsif d'étaler les moindres détails de sa vie sur les réseaux sociaux ; des troubles de la personnalité, comme la schizophrénie de profil, où l'individu se perd dans ses différents profils et identités en ligne ; l'athazagoraphobie (la peur d'être oublié sur les réseaux), ou encore la dysmorphie Snapchat, du nom du réseau social très prisé des jeunes, qui propose de nombreux filtres pour modifier avantageusement son apparence physique. Il s'agit d'une obsession de certains ados à vouloir reproduire par chirurgie esthétique l'effet des filtres : lissage de la peau, modification du regard et de la couleur des yeux, paillettes, attributs d'animaux réels ou légendaires, etc.

À ces troubles pathologiques, on peut ajouter d'autres effets néfastes des réseaux sociaux, comme la confusion des idées qu'apporte le seul accès à une information non hiérarchisée et discernée, où fleurissent les rumeurs, les calomnies et les théories complotistes, ou encore l'entre-soi que génère l'usage intensif de ces réseaux. Déjà en 1983, avant l'ère d'Internet, le philosophe Gilles Lipovetsky dénonçait dans *L'Ère du vide* « le désir de se retrouver entre soi, avec des êtres partageant les mêmes préoccupations immédiates et circonscrites. Narcissisme collectif : on se rassemble parce qu'on est semblable, parce qu'on est sensibilisé directement par les mêmes objectifs existentiels[40]. » Les réseaux sociaux n'ont fait qu'amplifier ce phénomène, comme ils n'ont fait que renforcer l'enfermement des individus dans leurs bulles de certitudes. Car non seulement on se regroupe par affinité, mais les algorithmes nous envoient aussi des notifications et des publicités qui correspondent à nos habitudes et à nos goûts, ce qui accentue le phénomène de repli sur soi et d'intolérance.

Comment décrocher ?

Comment aider les adolescents à décrocher lorsqu'ils deviennent addicts aux réseaux sociaux ? Les éducateurs doivent avant tout donner l'exemple d'un usage modéré d'Internet, car comment expliquer aux jeunes qu'ils doivent limiter leur temps de connexion s'ils nous voient le nez plongé plusieurs heures par jour sur notre smartphone ? Il existe de plus en plus de sites dédiés aux parents démunis face à l'addiction de leurs ados (comme en France lebonusagedesecrans.fr). Aux États-Unis, de nombreux coachs et thérapeutes se sont spécialisés dans cette question de « la connexion maîtrisée », notamment pour les enfants et les adolescents, comme Glorian Degaetano, ancienne institutrice américaine qui a créé le célèbre réseau mondial Parent Coach International.

Mais quels que soient les conseils et les méthodes proposés, le point qui me semble le plus crucial et qui est rarement perçu est celui de la réorientation du désir. Un ado qui est addict aux réseaux sociaux a un besoin fort de reconnaissance sociale et est devenu addict à la dopamine. Le moyen le plus sûr de l'aider à quitter son addiction n'est pas simplement le sevrage, mais aussi l'accompagnement pour trouver une autre motivation vers une activité qui lui apporte aussi reconnaissance et dopamine. Comme nous le verrons en détail plus loin, le philosophe Baruch Spinoza nous explique que l'on peut quitter une addiction ou un désir mal orienté qui nous rend malheureux simplement par la force de la raison et de la volonté. Pour y parvenir, il faut mobiliser un affect positif plus puissant que l'affect à contrarier et donc réorienter notre désir vers une chose, une personne, une activité qui nous épanouit davantage. La raison nous aidera à discerner ces nouveaux objets et la volonté à les poursuivre, mais c'est le désir qui sera le moteur du changement. Je raconte souvent l'exemple de ce jeune adulte devenu addict à Internet et finalement dépressif qui ne parvenait plus à quitter sa chambre et ses écrans. Il a pu s'en sortir parce qu'un de ses proches lui a offert un adorable petit chat, qui a su progressivement mobiliser son attention et son amour. Il a commencé à quitter sa chambre pour aller ouvrir et fermer la fenêtre du salon qui donnait sur un jardin, permettant au chat d'aller et venir. Petit à petit, son amour et son intérêt pour le chat l'ont aidé à se prendre en mains pour sortir de sa dépression et de son addiction. Cela peut aussi arriver avec une nouvelle rencontre amoureuse, le désir de pratiquer un art ou une activité sportive qui nous motive… Dans la vie, tout est question de désir et de motivation. Et lorsque nos désirs sont mal orientés et abîment notre santé ou nous rendent tristes, la meilleure solution est d'apprendre à les réorienter vers des objets qui nous mettent dans la joie.

7

Le désir sexuel

> *« La sexualité ne s'évanouit pas dans la sublimation, la répression et la morale, elle s'évanouit bien plus sûrement dans le plus sexuel que le sexe : le porno. »*
>
> Jean Baudrillard (XXe siècle)

Lorsque j'ai commencé cet ouvrage, à chaque fois que je disais à des amis que j'écrivais sur le thème du désir, on me rétorquait presque immanquablement : « Ah, enfin, tu vas écrire sur la sexualité ! » Le désir sexuel est sans doute le plus tangible et le plus puissant qui soit, à tel point que lorsqu'on évoque la question du désir, presque tout le monde pense au sexe. Le sexe, comme nous l'avons déjà vu, est en effet un des renforceurs primaires de notre cerveau. Il est une des principales motivations de l'être humain, et cela bien au-delà de la fonction reproductive à laquelle il est naturellement dédié. Sur les moteurs de recherche du Web, comme Google, le mot « sexe » arrive largement en tête et l'humanité consomme plus de 136 milliards de vidéos pornographiques chaque année pour une moyenne de 348 vidéos par utilisateur de smartphone. Un tiers des vidéos regardées quotidiennement sur Internet sont des vidéos à caractère sexuel.

La libido selon Freud

Freud n'avait donc pas tout à fait tort en affirmant que la sexualité était le principal moteur de l'être humain. Avant lui, des scientifiques avaient déjà souligné le caractère déterminant de la sexualité dans l'activité humaine, mais ils l'avaient étudié d'un point de vue évolutionniste, biologique, anatomique. Avec la publication en 1905 de *Trois essais sur la théorie sexuelle*, le célèbre médecin viennois fut le premier à prendre en compte la dimension psychique de la sexualité et à en faire l'essence même de l'activité humaine. À travers la notion de libido, il décrit la grande diversité de la pulsion sexuelle et ses nombreuses manifestations : sexualité infantile avec ses divers stades (oral, anal, phallique, génital), sexualité comme source du conflit psychique, dimension narcissique, bisexualité, etc. Il ira même jusqu'à identifier la libido à la pulsion de vie, l'opposant à la pulsion de mort. Les principaux disciples de Freud finiront par contester sa théorie sur la sexualité. Son dauphin, le psychiatre suisse Carl Gustav Jung, reprochera à

Freud de vouloir faire de sa théorie sexuelle un véritable « dogme » et prendra ses distances avec lui sur cette question en de nombreux points : il récusera le complexe d'Œdipe et l'idée du désir d'inceste, affirmera que la plupart des névroses n'ont pas une origine sexuelle et surtout refusera d'identifier la libido à la seule pulsion sexuelle. Pour lui, la libido est une « poussée » volontaire, un élan vital qui conduit l'être humain non seulement au désir sexuel, mais aussi à celui d'être reconnu ou de s'accomplir spirituellement. Je reviendrai plus longuement dans la troisième partie de cet ouvrage sur les thèses jungiennes concernant le désir et l'élan vital. Même si Freud a probablement accordé une importance trop excessive à la pulsion sexuelle en en faisant le moteur de toutes les névroses et de toute l'activité humaine, il n'en demeure pas moins qu'il a eu le mérite de souligner son importance et de mettre en valeur la dimension psychique du désir sexuel, lequel, à travers notamment l'imaginaire, les émotions et le jeu des fantasmes, ne peut être réduit à une dimension purement biologique. Il a néanmoins également pressenti que les sciences biologiques et les études sur le cerveau, encore balbutiantes à son époque, pourraient considérablement enrichir notre compréhension de la sexualité humaine. Ainsi écrit-il en 1920 : « La biologie est vraiment un domaine aux possibilités illimitées ; nous devons nous attendre à recevoir d'elle les lumières les plus surprenantes et nous ne pouvons pas deviner quelles réponses elle donnera aux questions que nous lui posons[41]. »

Biologie du désir sexuel

Un siècle plus tard, les immenses progrès de la biologie et l'apport nouveau des sciences cognitives ont en effet permis de beaucoup mieux comprendre le fonctionnement de la sexualité humaine : on connaît les circuits nerveux des voies du désir sexuel et la neuro-imagerie fonctionnelle a permis d'identifier dans le cerveau les régions impliquées dans le désir et l'excitation sexuels. Elle a aussi permis d'identifier des substances chimiques impliquées dans le désir sexuel (dopamine, sérotonine) ou amoureux (ocytocine, vasopressine). Ainsi, l'ocytocine renforce la tendresse envers l'être aimé, tandis que la vasopressine tend à favoriser l'attachement à un seul partenaire (monogamie). Le biologiste français Serge Stoléru a mis en valeur quatre grandes composantes de l'excitation sexuelle. « La composante cognitive, c'est l'opération qui nous amène à considérer comme sexuels certains stimuli (et pas d'autres) et à diriger notre attention vers eux. La composante motivationnelle, c'est-à-dire le désir sexuel proprement dit, tend à nous mobiliser vers l'objet de notre attirance. Il existe aussi une composante émotionnelle (plaisir, bouleversement, etc.) et une composante corporelle (réactions génitales, hormonales, etc.). Des mécanismes inhibiteurs contrôlent ces phénomènes. Enfin, ces composantes ont à la fois une facette subjective et une facette neurale. La facette subjective correspond à ce que nous éprouvons, c'est notre phénoménologie. La facette neurale est le substratum de ces éprouvés[42]. »

Réunir la biologie et la psychologie

Dit autrement, le désir sexuel mobilise à la fois notre biologie, notre cerveau, nos émotions et notre psyché. Loin de nier la dimension psychologique du désir, en bon disciple de Spinoza, Serge Stoléru défend à juste titre une vision « moniste » de la sexualité humaine, qui implique à la fois le corps et l'esprit et ne peut donc se comprendre qu'à travers sa double dimension biologique et psychologique. Réduire le désir sexuel à sa seule dimension neuronale et biologique est aussi absurde que de n'en voir que la dimension psychique. Dans le désir sexuel se joue une multitude de facteurs : de la pulsion (le plus souvent inconsciente) de lutte pour la survie de l'espèce, aux représentations et aux fantasmes les plus variés liés à la culture, aux interdits et à l'histoire du sujet, en passant par les émotions et la chimie du cerveau. On peut en effet, à la suite de Freud et de Stoléru, ramener toutes ces composantes à deux versants indissociables : un versant subjectif et psychique (ce que nous éprouvons) et un versant neural, incarné dans la matière et le fonctionnement de notre cerveau. Le désir sexuel et amoureux est donc un phénomène à la fois mental et cérébral, psychique et biologique. Mais contrairement à Freud, je n'affirmerais pas que le désir a toujours la sexualité pour enjeu, y compris d'ailleurs dans le désir amoureux, qui peut parfois naître, et surtout perdurer, sans qu'une pulsion sexuelle soit mobilisée. Freud a élaboré sa théorie sur la sexualité à un moment historique et dans une société où celle-ci était particulièrement taboue. Sa thèse principale consiste à affirmer que le désir sexuel se nourrit davantage du fantasme qui naît dans le manque qu'engendre la position de l'interdit que de l'objet lui-même (la personne que nous désirons). Un siècle plus tard, le mouvement de libération sexuelle est passé par là et a bouleversé nos représentations et nos pratiques sexuelles. La notion de surmoi freudien (l'intériorisation de la loi morale) a considérablement évolué et le désir sexuel, qui a en effet été longtemps à la fois contrarié et nourri par les interdits religieux et culturels, ne s'exprime plus de la même manière que celui de nos grands-parents. Les romans du XIXe siècle et du début du XXe siècle nous montrent à quel point le désir sexuel est souvent connecté à l'interdit (que l'on rêve de transgresser) et à l'imaginaire, lequel se nourrit d'un rien : un morceau de peau ou un bout de sein entraperçu. On est passé en moins d'un siècle de cet érotisme – où l'autre reste essentiellement désirable parce qu'en partie non vu et difficilement accessible – au porno où tout est montré, étalé, accessible, immédiatement consommable. Par son hypervisibilité et son accessibilité, le porno n'a-t-il pas tué le fantasme érotique et transformé la puissance du désir sexuel en envie de consommer des corps ?

Passion amoureuse et amour narcissique

Le désir sexuel, comme nous l'avons vu, n'est pas que la simple satisfaction d'un besoin physiologique ou pratiqué en vue de la reproduction. Il fait appel à des émotions ou des sentiments, à des fantasmes, à des phénomènes de transfert, bref à toute une dynamique psychique complexe. La psychanalyse a mis en évidence cette galaxie des désirs, liés notamment à des problématiques infantiles non résolues. Notre histoire détermine donc notre désir sexuel et celui-ci conditionne fortement à son tour la relation amoureuse, dont il est le plus souvent la source : à partir d'une attirance physique, on est amené à s'intéresser à une personne et à s'attacher à elle. À l'exception de certaines sociétés traditionnelles où les mariages sont encore arrangés par les familles, la grande majorité des couples se forment de nos jours sur la base, consciente ou inconsciente, du désir sexuel, lequel peut s'éroder avec le temps et conduire de nombreux couples à se séparer ou bien à trouver des « arrangements » pour que la sexualité puisse continuer à s'épanouir en dehors du couple (adultère, liberté sexuelle mutuelle ou de l'un des partenaires consentie, échangisme, etc.).

Dans une première rencontre, nous projetons donc inconsciemment quantité de choses sur l'autre, nous l'idéalisons, nous avons toutes sortes d'attentes. C'est pourquoi nous disons que l'amour rend aveugle. Je dirais plutôt que c'est le désir sexuel qui rend aveugle, car cela n'advient presque jamais dans le développement d'une relation amicale, où le désir sexuel n'est pas présent. Le désir sexuel se nourrit aussi du manque, et il arrive parfois que nous le cultivions pour raviver le désir de l'autre. En philosophie, ce qu'on appelle « la passion amoureuse » correspond à un état où nous subissons (nous sommes « passifs », d'où le mot « passion ») tous ces affects complexes. Nous ne sommes pas lucides, mais prisonniers de notre imagination, de notre conditionnement social et psychique, de nos émotions. Notre désir est intense, mais nous sommes aussi amenés à souffrir du manque, de la peur de perdre l'autre, de n'être plus désirés, etc. La possessivité et la jalousie s'installent. Et nombre de passions amoureuses finissent assez vite, soit par une diminution du désir sexuel lorsque la routine s'installe, soit par un drame lié à la jalousie, soit par une progressive désillusion lorsque nous découvrons que l'autre n'est pas celui que nous imaginions. Quand Frédéric Beigbeder écrit que « l'amour dure trois ans », il ne parle pas de l'amour vrai, mais de la passion amoureuse liée à l'intensité du désir sexuel. Et encore, je le trouve plutôt optimiste !

Freud a aussi mis en avant la dimension narcissique de l'amour-désir : l'autre me ressemble à tel point que je puisse m'aimer moi-même en lui. Mais lorsque mon partenaire ne me propose plus un reflet satisfaisant de moi-même, je ne le désire plus et je le quitte. On peut aussi être davantage amoureux de son propre désir ou du désir de l'autre que de la personne en tant que telle ! Nous avons alors avant tout besoin d'éprouver du désir et/ou de nous sentir désirés, et si ce désir s'estompe, nous allons vers une autre personne. Nous verrons dans la troisième partie de ce livre comment passer de la passion amoureuse et du désir narcissique à un amour véritable, source de joies plus profondes et durables.

Porno, performance, narcissisme… et épuisement du désir

On peut, me semble-t-il, pointer trois tendances contemporaines concomitantes concernant le désir sexuel. D'une part, ce que le philosophe coréen Byung-Chul Han appelle « l'enfer de l'identique », dans lequel l'altérité disparaît et où l'autre est réduit à l'objet de miroir narcissique. D'autre part, le culte de la performance sexuelle et de la jouissance à tout prix. Nous sommes en effet passés en quelques décennies d'un surmoi lié aux interdits moraux et religieux à un surmoi lié à la performance. Une injonction a fait place à une autre : le « tu dois assurer au lit et avoir le maximum de plaisir » a remplacé le vieil interdit du plaisir hors mariage. On assiste enfin à un épuisement du désir sexuel, notamment chez les jeunes générations, et il est fort possible que cette troisième tendance soit une conséquence des deux premières. Déjà en 1983, le perspicace sociologue français Jean Baudrillard écrivait ces lignes : « La sexualité ne s'évanouit pas dans la sublimation, la répression et la morale, elle s'évanouit bien plus sûrement dans le plus sexuel que le sexe : le porno [43]. » Pour lui, le succès mondial du porno n'est pas tant le fruit de la libération sexuelle que la victoire du capitalisme qui transforme tout en marchandise : y compris les corps, réduits à leur capacité d'être exposés et consommés. Byung-Chul Han a poursuivi les travaux de Baudrillard et tenté de montrer que le passage de l'érotique au porno, de l'interdit transgressable à la permissivité absolue, du désir nourri par l'attente et l'imaginaire à la pulsion satisfaite tout de suite, signe la fin de l'altérité dans les relations sexuelles et amoureuses. L'autre est réifié, réduit à l'état d'objet consommable et narcissisant : « Le désir de l'autre cède la place au confort du même. On recherche l'immanence commode, et finalement confortable, du même. L'amour aujourd'hui est dépourvu de toute transcendance et de toute transgression [...]. L'*éros* vise l'autre, au sens empathique, qui ne se laisse pas récupérer dans le régime du moi. Dans cet enfer de l'identique, dont la société actuelle porte de plus en plus les traits, il n'y a donc pas d'expérience érotique. Celle-ci suppose l'asymétrie et l'extériorité de l'autre[44]. »

Ces analyses philosophiques semblent validées par une observation sociologique récente : l'épuisement du désir sexuel chez de nombreux jeunes Occidentaux. Ainsi, dans son baromètre annuel, l'IFOP a publié en février 2022 une enquête menée auprès de 1 000 jeunes Français qui révèle que 43 % des 15-24 ans n'avaient eu aucun rapport sexuel au cours des douze derniers mois et 44 % en avaient eus avec un seul partenaire. On est très loin de l'idée préconçue d'une sexualité débridée chez les jeunes, favorisée par la consommation de porno et les applications de rencontres faciles. Intrigués par ces chiffres, deux journalistes du *Monde*, Lorraine de Foucher et Sophia Fischer, ont publié le 9 juillet 2022 une passionnante enquête auprès de nombreux jeunes de cette génération et de quelques influenceurs d'Instagram ayant écrit des livres sur le sujet à partir des innombrables témoignages qu'ils reçoivent. Il se dégage deux enseignements principaux. Tout d'abord, le sexe fait peur. Il fait peur aux garçons à cause de l'idée de performance auquel il est associé. De nombreux jeunes adultes racontent les traumatismes de la première fois, où « ils n'ont pas assuré » et leur angoisse de n'être pas à la hauteur, de ne pas donner assez de plaisir à leur partenaire ou bien de ne pas en trouver eux-mêmes. Les filles, notamment, s'inquiètent de ne pas jouir selon la norme et elles ont davantage peur de la violence – dont beaucoup semblent avoir été victimes. Elles préfèrent alors la chasteté au risque d'un rapport ou d'une pratique forcée (comme la fellation). Outre la peur, les jeunes expriment aussi un véritable dégoût pour le consumérisme sexuel, comme Jeanne, 24 ans : « Les applis, c'est un peu le Uber Eats du sexe. On s'en lasse vite [...]. Maintenant, je cherche l'étincelle, la rareté. Et à force de chercher l'exception, il ne se passe plus rien. » Ou encore Cameron, 23 ans, homosexuel, qui explique qu'il souhaite s'émanciper des schémas sexuels de performance et de consommation dans lequel il était enfermé : « J'ai envie d'une deuxième première fois. Mais cette fois-ci, je m'écouterai plus, je prendrai le temps de connaître la personne, de faire des rendez-vous, de raconter ce que j'aime, moi. Et on prendrait notre temps pour établir quelque chose rien qu'à nous. »

Bref, lassés ou écrasés par les standards du porno et le culte de la performance, de nombreux jeunes redécouvrent, ou tentent de redécouvrir, la force du désir sexuel, qui se nourrit davantage d'imaginaire, d'attente, de complicité, d'émotions, d'amour et sans doute aussi de fantasmes liés à l'interdit (même si la théorie freudienne me semble réductrice). Autrement dit, d'une véritable redécouverte de l'altérité, de l'autre dans ce qu'il a d'unique, de mystérieux, d'émouvant. Comme l'avait si bien compris Baudrillard, le désir sexuel finit par s'évanouir dans le porno et la consommation des corps. Il renaît, inversement, dans l'érotisme de la suggestion, de l'imagination, de la magie d'une rencontre véritable et de toute la gamme des émotions et des sentiments qui en découlent. Peu importe d'ailleurs, pour éveiller un désir intense, que la rencontre soit amenée à durer ou pas, qu'elle soit illusoire et passionnelle ou bien profonde et vraie. Il s'agit simplement, à ce premier stade du désir, de s'engager dans une relation avec une personne et non uniquement avec un corps, devenu seul objet de plaisir.

Réinventer la sexualité et le lien amoureux

De manière générale, on observe chez de plus en plus de jeunes le désir d'échapper à tous les modèles standards de sexualité proposés par la société : hétéro ou homo, performance et porno ou romantisme, fidélité ou infidélité. Ils cherchent à tâtons à vivre ce qui leur convient à eux, quitte à évoluer ou à tester plusieurs modèles : expériences successives, polyamour, couple stable, homo- ou hétérosexualité, etc. C'est ainsi qu'un nombre croissant de jeunes se définissent comme pansexuels, c'est-à-dire susceptibles de ressentir une attirance sexuelle ou amoureuse pour toute personne, sans égard pour son sexe ni son genre. On assiste aussi à des phénomènes de plus en plus fréquents de dissociation entre le sexe purement physique d'un côté et l'amour romantique de l'autre : on aime une personne pour laquelle on ne ressent pas forcément du désir sexuel et on vit des expériences physiques ailleurs, sans ressentir de sentiment. Bref, le désir sexuel et amoureux est en pleine recomposition et vise à s'extraire de tous les schémas sociaux dominants, y compris le plus récent : celui de la performance et de la consommation.

Deuxième partie

LA RÉGULATION DU DÉSIR

1

Aristote et Épicure Une sagesse de la modération

> *« Grâce soit rendue à la bienheureuse nature qui a fait que les choses nécessaires soient faciles à atteindre et que les choses difficiles à atteindre ne soient pas nécessaires ! »*
>
> Épicure (IVe siècle avant notre ère)

Partis du fonctionnement de notre cerveau primaire et de la conception platonicienne du désir comme manque, nous avons évoqué tout au long de ces chapitres les impasses et les pièges auxquels peut conduire cette forme du désir : insatisfaction permanente, comparaison, envie, jalousie, addictions, etc. Bref, le désir initié par le *striatum* et motivé par le manque peut procurer beaucoup de plaisir, mais il conduit fréquemment aussi à la frustration, au dégoût, à la dépression, au malheur. Il n'est pas non plus sans poser parfois de graves problèmes relationnels : passion destructrice, convoitise et jalousie mortifère, envie haineuse, etc. C'est la raison pour laquelle non seulement toutes les grandes traditions religieuses, mais aussi les philosophes de la Grèce antique ou de l'Inde, ont tenté de réguler le désir humain, de le limiter, de l'encadrer. Ces diverses écoles de sagesse considèrent la philosophie comme une médecine de l'âme et proposent, à travers un chemin plus ou moins ascétique, une thérapie. Et c'est là que les visions diffèrent et parfois s'opposent. Parmi les grands courants de sagesse du monde antique, je distinguerai en effet ceux qui prônent, à partir de l'usage de la raison, une modération du désir, sans pour autant remettre en cause le désir ou le plaisir qu'il procure, de ceux qui affirment que le problème relève du désir lui-même et qu'il convient de l'éliminer ou de le transformer radicalement par une discipline de l'esprit et du corps. Avant d'étudier les tenants de cette position beaucoup plus radicale, notamment le bouddhisme et le stoïcisme, considérons la pensée éthique des deux principaux représentants du premier courant : Aristote et Épicure.

Aristote et la vie heureuse

Né à Stagire, une cité de Macédoine, Aristote est venu à Athènes suivre pendant vingt ans l'enseignement de Platon à l'Académie. Puis il a répondu à l'appel de Philippe de Macédoine pour devenir de précepteur de son fils, le futur Alexandre le Grand, avant de revenir à Athènes en 335 avant notre ère pour fonder, à l'âge de 49 ans, sa propre école philosophique : le Lycée. Il s'intéressait aussi bien à la biologie qu'à la physique, aux mathématiques qu'à la poésie ou à la rhétorique, à l'astronomie qu'à la métaphysique, mais c'est sans doute son travail de philosophie éthique qui reste le plus pertinent et actuel. Aristote diverge avec Platon sur la question du désir, qu'il ne considère pas d'abord à travers le prisme du manque. Dans son ouvrage *De l'âme*, le Stagirite explique en effet que le désir constitue l'unique force motrice de l'être humain. « L'intellect ne meut manifestement pas sans le désir », alors que le désir « peut mouvoir en dehors de tout raisonnement ». Il n'y a ainsi « qu'un seul principe moteur : la faculté désirante »[45]. Ainsi, loin de considérer le désir comme un problème, Aristote commence sa *Métaphysique* par cette phrase : « Tous les hommes ont par nature le désir de connaître » et c'est, tout compte fait, grâce à ce désir qu'est née la philosophie. Le désir est donc le moteur de nos existences, y compris sur le plan intellectuel, et Aristote est le premier philosophe à le formuler aussi clairement. L'existence de cette âme désirante (*to orektikon*) une et irréductible aux autres puissances psychiques, ne signifie pas pour autant qu'elle soit capable de fixer son objet sans la participation d'autres facultés de l'âme, dites discriminantes, comme la sensation, l'imagination ou la pensée[46]. Autrement dit, le désir (*orexis*) chez l'être humain est toujours corrélé à une pensée, une image, une sensation et c'est ce qui lui permet de s'orienter vers tel ou tel objet. Il en résulte parfois des conflits internes entre deux désirs contradictoires, mû par des facultés de l'âme différentes[47]. Par exemple, mû par une sensation visuelle ou mon imagination, je peux désirer avoir une relation sexuelle avec telle personne, mais ma réflexion peut engendrer le désir opposé. Aristote qualifie d'incontinent (*akratès*) celui qui souhaite (*boulesthai*) le bien, mais a envie (*epithumein*) d'autre chose, voire du contraire. L'éthique qui, pour Aristote, vise au bonheur, réside alors en grande partie dans notre capacité à régler nos propres conflits intérieurs entre des désirs ou des souhaits contradictoires. Ce qui est compliqué pour l'enfant, qui est surtout mû par ses désirs sensibles, devient plus aisé pour l'adulte chez qui la dimension rationnelle est plus forte et qui transmet à l'âme désirante ce que la raison estime être bon (*agathon*). C'est ce qu'Aristote appelle le « souhait » (*boulèsis*). La *boulèsis* modifie notre rapport au désir et nous aide à moduler, réfréner, différer ou renoncer à nos appétits sensibles (pulsions, désirs des sens...). Elle permet aussi de hiérarchiser nos valeurs en vue de ce que nous estimons le meilleur, d'avoir des projets à long terme et un plan de vie. C'est la *boulèsis* qui nous incite chaque début d'année à nous fixer des « bonnes résolutions ». Ce désir-souhait connecté à la raison et qui émane de notre âme désirante constitue donc le moteur de notre éthique de vie. C'est en s'appuyant sur elle que nous trouverons les meilleurs moyens et les meilleurs chemins pour atteindre la finalité de notre existence : être heureux. Aristote écrit en effet au début de son *Éthique à Nicomaque* : « Le bonheur est le seul but que nous recherchons toujours pour lui-même et jamais pour une autre fin [48]. » Comme nous le verrons également bientôt aussi chez Épicure, Aristote considère qu'il ne peut y avoir de vie heureuse sans plaisir. Le plaisir est au fondement même du bonheur et tous nos désirs tendent vers la recherche d'une satisfaction qui nous apporte du plaisir. Au sein des plaisirs, il existe cependant une hiérarchie. Aristote considère que les plaisirs du cœur – l'amour et l'amitié – et surtout les plaisirs de l'esprit (qu'il considère comme un attribut divin) – connaissance et contemplation – sont supérieurs à ceux du corps (sexe, nourriture) car ils relèvent des parties les moins animales et les plus proprement humaines de notre être. Ainsi écrit-il à la fin de l'*Éthique à Nicomaque* : « Le propre de l'homme, c'est donc la vie de l'esprit, puisque l'esprit constitue essentiellement l'homme. Une telle vie est également parfaitement heureuse [49]. » La *boulèsis* nous permet donc d'orienter progressivement nos désirs vers ceux qui sont le plus humains et le plus raffinés. La confiture ou le chocolat peuvent être nos principaux objets de désir à l'âge de 5 ans, le sexe et la reconnaissance sociale à l'âge de 15 ans, mais l'amitié et la vie de l'esprit devraient être ceux qui polarisent l'essentiel de nos désirs à l'âge mûr, car un adulte ne peut se satisfaire pleinement que de plaisirs sensibles ou sociaux. Par ailleurs, puisqu'il est fugace, qu'il a sans cesse besoin d'être nourri et est moralement indéfini (un bourreau prend du plaisir à torturer sa victime), Aristote affirme aussi que le plaisir ne peut être le seul guide d'une vie. La raison nous conduit aussi à discerner les plaisirs, à les ordonner et à mener une existence vertueuse, source de bonheur. Aristote définit la vertu comme « un juste milieu » entre deux extrêmes, qui eux sont des vices. Par exemple, le courage est un juste milieu entre la lâcheté et la témérité. La tempérance est un juste milieu entre la gloutonnerie et l'ascèse. La générosité est un juste milieu entre l'avarice et la prodigalité, etc. Cette voie du juste milieu fonde ainsi une éthique de la modération : celui qui entend bien gouverner sa vie en vue du bien doit apprendre à éviter les excès, y compris ceux de la vie ascétique et du renoncement aux plaisirs que prônent certains philosophes athéniens contemporains d'Aristote, comme Speusippe, le neveu de Platon. Aristote précise aussi que nous développons et fortifions la vertu par la pratique. De même qu'on devient forgeron en forgeant, explique-t-il, nous devenons vertueux en pratiquant la vertu. Concrètement, nous devenons courageux en posant des actes de courage, justes en posant des actes de justice, tempérants en posant des actes de tempérance, humbles en posant des actes d'humilité, etc. Chaque petit acte vertueux nous aide à nous fortifier et crée ainsi progressivement une habitude, un pli de l'âme, qui enracine la vertu en nous. Pour y parvenir, nous nous appuyons sur une vertu rationnelle, la sagesse pratique (*phronêsis*), qui nous aide à discerner ce qui est bon et nous permet de faire le choix volontaire de devenir vertueux afin d'accéder au bonheur et d'œuvrer de manière juste au sein de la cité. Si, comme nous l'avons vu, la plupart des hommes sont tiraillés entre des désirs contradictoires, il n'en va pas de même chez l'homme vertueux, chez qui tous les désirs sont accordés à ce que la raison estime être bon. Pour Aristote, il n'y a donc pas de vie heureuse et de vie morale sans raison, mais également sans désir, car c'est notre âme désirante qui va mobiliser notre raison pour la mettre en mouvement et notre volonté pour lui donner la force de tendre vers le bien.

Épicure : la puissance de la modération

Quelques décennies plus tard, en 306 avant notre ère, un autre philosophe, Épicure, fonde à 35 ans une nouvelle école à Athènes : le Jardin. Sur le plan métaphysique, Épicure est radicalement opposé à Aristote : il ne croit pas en l'existence d'un principe divin et en l'immortalité de l'âme et emprunte à

Démocrite sa conception matérialiste d'un réel entièrement composé d'atomes insécables. Par contre, Épicure développe une philosophie éthique qui vise le bonheur, à bien des égards très proche de celle du Stagirite, également fondée sur le plaisir et sa modération.

Épicure commence par s'interroger de manière très pragmatique : « À propos de chaque désir, il faut se poser cette question : quel avantage résulterait-il pour moi si je le satisfais, et qu'arrivera-t-il si je ne le satisfais pas[50] ? » Dans cette visée thérapeutique, le philosophe athénien établit une distinction entre plusieurs types de désirs. Il y a tout d'abord les désirs naturels et nécessaires (que l'on peut assimiler à des besoins) : manger, boire, se vêtir, avoir un toit, etc. Viennent ensuite les désirs naturels et non nécessaires, comme la cuisine raffinée, la beauté des vêtements, le confort de l'habitat, etc. Enfin, les désirs qui ne sont ni naturels, ni nécessaires et qu'on pourrait qualifier de superflus : le luxe, les honneurs, le pouvoir, la renommée, etc. Épicure affirme qu'il suffit de poursuivre les désirs naturels et nécessaires pour être heureux. Les désirs naturels et non nécessaires peuvent être recherchés, mais avec détachement, et il convient d'éviter de poursuivre les désirs non naturels, notamment de gloire et de richesse, qui sont difficiles à obtenir et génèrent soucis et frustrations. Et Épicure de s'enthousiasmer : « Grâce soit rendue à la bienheureuse nature qui a fait que les choses nécessaires soient faciles à atteindre et que les choses difficiles à atteindre ne soient pas nécessaires[51] ! »

Il existe un malentendu tenace à l'égard d'Épicure et de sa philosophie éthique, que beaucoup assimilent à une vie fondée sur une quête des plaisirs sensoriels les plus nombreux et intenses possible. Cette interprétation erronée remonte du vivant d'Épicure : elle était le fait de ses adversaires qui tentaient de le discréditer en affirmant que son jardin était un lieu de débauche des sens. Il n'en était strictement rien ! Épicure aimait philosopher dans son fameux jardin, en compagnie de quelques amis et disciples autour d'un repas simple, mais bon. Au fond, il prône une recherche de la qualité en toutes choses – qualité des relations amicales, qualité des aliments et des boissons, qualité de vie – et non la quantité. Il convient de rechercher un plaisir, mais un plaisir simple, accessible et de qualité.

Pour Épicure, le critère ultime est donc l'utilité du désir par rapport au bien, le plaisir, et au bien suprême, le bonheur, c'est-à-dire un plaisir profond et durable, ce qui nous conduit à discriminer les plaisirs à l'aide de la raison : « Le plaisir est principe et fin de la vie bienheureuse, écrit-il. Pour cette raison, nous ne choisissons pas non plus tout plaisir. Il nous arrive de laisser de côté de nombreux plaisirs, quand il s'ensuit, pour nous, plus de désagréments[52]. » À la suite d'Aristote, il affirme que la sagesse pratique (*phronêsis*) nous aide ainsi à discerner les désirs qu'il est bon de poursuivre et ceux qu'il vaut mieux abandonner. Elle nous permettra aussi parfois de préférer une douleur temporaire (comme suivre un traitement pénible), si elle sait qu'elle nous conduira à un plaisir durable (la santé), à un plaisir éphémère (un excès de nourriture ou de boisson), si nous savons qu'il nous conduira à une douleur durable (la maladie). La *phronêsis* est donc la vertu intellectuelle qui nous permet de discerner nos désirs et parfois de les limiter ou d'y renoncer. Discernement et modération sont au cœur de la pensée épicurienne, même si celle-ci vise toujours la poursuite du plaisir et du bonheur. La raison régule donc nos désirs, ce qui fera dire à Lucrèce, le grand disciple romain d'Épicure : « Le plaisir véritable et pur est le privilège des âmes raisonnables plutôt que des malheureux égarés[53]. »

2

Stoïcisme et bouddhisme : se libérer du désir

« Le monde manque et il désire avidement ; il est esclave de la soif. »

Le Bouddha (VIe siècle avant notre ère)

Tous les courants de sagesse du monde antique se préoccupent de la question du désir et de sa régulation. Mais tous ne partagent pas le point de vue d'Aristote et d'Épicure, qui font converger la recherche du plaisir (*hêdonê*) et la recherche du bonheur (*eudaimonia*), grâce à la raison qui nous permet de discerner et de modérer nos désirs. D'autres courants sont beaucoup plus radicaux et considèrent que le désir constitue *en soi* le problème. C'est notamment la conception des deux principaux courants de sagesse d'Orient et d'Occident : le bouddhisme et le stoïcisme.

Stoïcisme : supprimer le désir

Fondée à Athènes par Zénon au début du IIIe siècle avant notre ère, l'école stoïcienne tire son nom du portique (*stoa*) en dessous duquel il enseignait. Simple marchand originaire de Chypre, Zénon entend rompre avec le caractère aristocratique de l'enseignement de Platon et d'Aristote et faire descendre la philosophie dans la rue. Méprisé par les élites intellectuelles athéniennes parce qu'il n'était pas grec, il s'adresse à tous – grecs et étrangers, lettrés et analphabètes, hommes et femmes, citoyens et esclaves – et fonde une école qui influencera le monde antique pendant près de mille ans et marquera aussi en profondeur la future religion chrétienne comme la philosophie de la Renaissance. La pensée stoïcienne repose sur l'idée d'un univers parfaitement ordonné (*cosmos*) par une raison divine universelle (*logos*) à laquelle l'être humain est relié par son *logos* personnel. Il existe aussi, selon les stoïciens, une loi de causalité universelle qui fixe le destin de tous les êtres. Enfin, ils sont convaincus que le monde est bon et que tout concourt au bien des êtres, même si nous n'en avons pas conscience. Ces postulats ontologiques permettent de mieux comprendre l'éthique stoïcienne, qui nous incite à l'acceptation de ce qui est et que nous ne pouvons pas changer : « N'attends pas que les événements arrivent comme tu le souhaites, écrit Épictère, cet ancien esclave romain devenu philosophe. Décide de vouloir ce qui t'arrive et tu seras heureux[54]. »

L'éthique stoïcienne vise à atteindre deux objectifs : l'autonomie (*autarkeia*), la liberté intérieure, et la tranquillité de l'âme (*ataraxia*), la paix intérieure. Et elle considère que le désir constitue le principal obstacle à l'accomplissement de ces objectifs. Le désir en effet affecte l'âme, il la soumet (c'est une passion). Or il ne s'agit pas simplement de maîtriser nos désirs par l'usage de la raison, comme le prônent Aristote ou Épicure, il s'agit de les supprimer. Le désir est une maladie qu'il faut éradiquer. La sagesse stoïcienne aspire ainsi à l'*apatheia*, l'absence de désirs, afin d'atteindre l'*ataraxia*, l'absence de trouble. Il s'agit dès lors de remplacer les appétits, qui nous poussent à désirer, par la volonté conçue, à la suite d'Aristote, comme un souhait raisonné (*boulèsis*). Il ne s'agit plus de désirer le monde, mais de le vouloir. De désirer manger, faire l'amour, apprendre ou s'améliorer, mais de le vouloir. Tant que nous sommes dans l'ordre du désir, nous sommes soumis au désordre de nos pulsions et de nos appétits, qui restent difficilement maîtrisables par la raison. Un bonheur profond et durable, une véritable paix intérieure, sera toujours impossible. Tandis que si nous renonçons aux désirs et les remplaçons par des souhaits raisonnés, nous serons maîtres de nous-mêmes et réellement en paix. Plus rien ne pourra nous troubler, tant dans notre monde intérieur que dans le monde extérieur. Ce passage du désir à la volonté constitue une véritable conversion philosophique et passe par un effort ascétique puissant : l'anéantissement de nos appétits sensibles ou intellectuels pour les remplacer par un vouloir rationnel. « Ce n'est pas par la satisfaction des désirs qu'on obtient la liberté, mais par la destruction du désir[55] », écrit Épictète dans ses *Entretiens* au début de notre ère. Comme nous le verrons bientôt, cette conception très exigeante qui conduit à une certaine austérité de vie influencera en profondeur la religion chrétienne quelques siècles plus tard, mais elle n'est pas non plus sans ressemblance avec un autre grand courant philosophique de l'Inde : le bouddhisme.

Bouddhisme : éteindre la soif

Contemporain de Pythagore, Siddhârta Gautama, que ses disciples appelleront le Bouddha, c'est-à-dire « l'éveillé », a vécu dans le nord de l'Inde au VIe siècle avant notre ère. Il a d'abord été marié et a connu le luxe d'une vie princière avant de tout quitter pour se retirer dans les forêts. En quête de la libération du cycle du samsara, la ronde incessante des renaissances produite par le karma, il pratique pendant une dizaine d'années une rude ascèse afin de réprimer tous ses désirs. N'y parvenant pas, il finit par chercher une autre méthode et reste plongé dans une méditation profonde. C'est alors qu'il parvient à « l'Éveil », un état de libération, et qu'il commence à enseigner le chemin de cette libération à ses premiers disciples. Le Bouddha se considère comme un médecin de l'âme et, à l'instar des écoles de sagesses grecques, présente son chemin spirituel comme un parcours thérapeutique visant à libérer l'être humain de la souffrance. Dans son fameux discours de Bénarès, il commence par rappeler à ses disciples qu'il convient d'éviter deux extrêmes, qu'il a expérimentés dans sa vie passée : celui de s'abandonner complètement aux plaisirs des sens et celui d'y renoncer totalement. À la manière d'Aristote, il prône ainsi une « voie du milieu ». Puis il expose quatre vérités fondamentales, socle de toute sa pensée. Première vérité : tout est *dukkha.* Ce mot sanscrit est difficile à traduire car il signifie à la fois douleur, insatisfaction, souffrance, conflit. Retenons le mot « douleur », mais en ayant en tête que cette douleur est très large et comprend globalement trois dimensions : la douleur physique et mentale (maladie, conflit intérieur, insatisfaction, angoisse, troubles émotionnels, etc.) ; la douleur liée au changement (la naissance, la vieillesse, la mort, la séparation, etc.) ; la douleur liée au conditionnement de nos cinq agrégats (*skandhas*) d'attachement (la matière, la sensation, la perception, les formations mentales et la conscience). Le Bouddha part ainsi du constat que la douleur imprègne nos existences de la naissance à la mort, et se poursuit indéfiniment par le phénomène de transmigration (qu'on appelle en Occident « réincarnation »). La seconde vérité, *samudaya*, concerne la cause de *dukkha* : il s'agit du désir, de la soif (*tanha*) qui revêt trois dimensions : désirs sensoriels et psychiques ; désir de perpétuer le cycle des renaissances ; désir de fuir l'expérience du monde et ses sensations douloureuses. « Le monde manque et il désire avidement ; il est esclave de la soif[56] », résume le Bouddha. Précisons que pour lui, ce sont cette soif et l'ignorance qui produisent « les trois racines du mal » : la convoitise, la haine et l'erreur. Vient ensuite la troisième vérité : *nirodha*, l'extinction de la soif, qui conduit à l'état de *nirvana*, la cessation complète de la douleur, la délivrance ultime. Dans la quatrième vérité, le Bouddha expose le chemin (*magga*) menant à la cessation de la douleur et au *nirvana*, « le noble octuple sentier » : la vision juste, la pensée juste, la parole juste, l'action juste, les moyens d'existence justes, l'effort juste, l'attention juste et la concentration juste. Par la pratique rigoureuse de cette discipline éthique qui conduit à l'extinction de la soif, le Bouddha promet à ses disciples l'accès à la délivrance, au *nirvana*.

Les ressemblances entre l'ascèse bouddhiste et l'ascèse stoïcienne sont évidemment troublantes : dans les deux cas, on vise à échapper à la servitude du désir, et les moyens proposés pour y parvenir sont parfois très semblables. Mais à y regarder de plus près, on constate que si le stoïcisme vise à éradiquer le désir en soi, le bouddhisme cherche plus précisément à éteindre la soif liée au désir. Ce qu'il faut supprimer, ce n'est pas tant le désir que l'*attachement* qui en découle. Il est normal que je ressente le désir d'être en bonne santé, mais si je m'attache à ce désir, je serai malheureux dès que la maladie surviendra. Il est sain de désirer progresser spirituellement et de désirer atteindre le *nirvana*, mais si je reste cramponné à ce désir, je souffrirai de mon peu de progrès ou de ne pas atteindre rapidement ce but élevé. Il s'agit donc d'apprendre à désirer de manière détachée, sans avidité, sans convoitise, sans attente. Ce n'est donc pas tant le désir qui est problématique que le désir-attachement, mû par la soif. Et toute la discipline bouddhiste vise à obtenir ce « non-attachement », aux êtres, au monde et à la vie, qui n'a rien à voir avec un détachement, qui serait une sorte d'indifférence froide à tout. Quitter le désir-attachement c'est, me semble-t-il, dans l'esprit profond de la doctrine originelle du Bouddha, parvenir à cet état de liberté et de paix intérieure, qui n'empêche pas l'amour des autres et de la vie, mais nous apprend à les savourer en acceptant que tout puisse disparaître ou nous être retiré (car tout est impermanent selon la doctrine bouddhiste). Dans la relation amoureuse, par exemple, c'est apprendre à aimer sans jalousie ni possessivité, en sachant que l'autre ne m'appartient pas, qu'il peut me quitter ou mourir, sans que cela vienne me troubler. C'est une forme d'acceptation profonde de ce qui est (*amor fati*, comme dirait

Nietzsche), qui n'est pas non plus sans rappeler aussi la sagesse stoïcienne, qui vise à vouloir le réel plutôt qu'à le désirer et à le subir. Mais il est bien évident que cette sagesse est très difficile car elle exige une compréhension juste des choses et une attention de chaque instant à la justesse de nos intentions, de nos pensées, de nos paroles, ainsi qu'à une parfaite maîtrise de nos affects. Dans le cadre du bouddhisme, elle conduit aussi le plus souvent à une vie monacale, afin de consacrer tout son temps à la pratique spirituelle et à la discipline éthique, mais aussi parce qu'il est plus facile de vivre dans le détachement lorsque l'on n'a pas de famille !

3

La loi religieuse

> *« Tu ne convoiteras [...] aucune chose qui appartienne à ton prochain. »*
>
> Dixième commandement biblique (*Deutéronome*, V, 20-21)

C'est aussi pour faire face au dérèglement du désir humain et à la violence qu'il peut engendrer que les grandes traditions religieuses ont imposé une loi divine à leurs fidèles. La raison n'est pas absente du discours religieux, tant s'en faut, mais elle est inféodée à la foi. La foi en la révélation divine est au fondement des grandes religions historiques et c'est sur elle que se fonde la loi, cet ensemble de commandements et de règles qui norment la vie des fidèles. La raison viendra ensuite expliquer la nécessité de la loi, la commenter, l'interpréter, mais elle ne la remettra jamais en cause puisqu'elle est considérée comme écrite, voulue ou inspirée par Dieu lui-même. Prenons l'exemple des trois grandes religions monothéistes.

Judaïsme

La Torah, la loi religieuse juive révélée par Moïse, impose six cent treize commandements aux juifs pratiquants. Parmi ceux-ci, on connaît surtout les dix paroles (que la tradition chrétienne appellera par la suite les « dix commandements ») que Dieu aurait gravées sur des tables en pierre et transmises à Moïse au Sinaï et que l'on peut résumer ainsi : la première parole enseigne que Dieu est Un, qu'il ne faut vénérer que lui seul. La deuxième commande de ne faire aucune image d'animal pour l'adorer, la troisième de ne pas invoquer Dieu en vain, la quatrième d'observer chaque septième jour en s'abstenant de tout travail, la cinquième d'honorer nos parents, la sixième de nous garder du meurtre, la septième de ne point commettre d'adultère, la huitième de ne point voler, la neuvième de ne pas rendre de faux témoignages, la dixième de ne rien convoiter qui appartienne à autrui (« Tu ne convoiteras point la femme de ton prochain ; tu ne désireras point la maison de ton prochain, ni son champ, ni son serviteur, ni sa servante, ni son bœuf, ni son âne, ni aucune chose qui appartienne à ton prochain[57] »).

Si les premières paroles concernent le culte que le fidèle doit rendre à Dieu, les autres visent à réguler les relations entre humains par une série d'interdits : celui du meurtre, de l'adultère, du vol, du mensonge et de la convoitise. La régulation du désir se trouve ainsi au cœur de la loi divine. Ce n'est plus la raison, comme dans la philosophie grecque, qui permet cette régulation, mais l'observance de la loi divine. C'est donc par rapport à une norme extérieure que le fidèle essaye de réguler ses passions et ses désirs. Deux affects puissants peuvent l'aider à y parvenir : l'amour ou la peur. Amour de Dieu et désir d'être fidèle à ses commandements, ou bien peur de Dieu et de sa punition. La régulation sociale joue aussi un rôle très important dans l'observance : même si le fidèle investit peu d'affects personnels dans sa pratique religieuse, il est attentif au regard des autres et redoute d'être exclu de la communauté en transgressant la loi. La loi religieuse joue donc un double rôle : celui de la régulation des désirs – et donc du recul de la violence – et celui de cohésion sociale.

Christianisme

Bien que juif pratiquant, Jésus prendra de la distance avec la Loi mosaïque en mettant l'amour au-dessus de la loi (j'y reviendrai plus loin dans le chapitre sur les mystiques du désir). Mais ses disciples ne tarderont pas à revenir à la notion de stricte observance d'une loi religieuse imposée à tous les fidèles par l'Église. S'inspirant des commandements bibliques, l'Église va imposer aux fidèles toute une série de règles et le droit canon ecclésiastique va prendre un essor considérable au Moyen Âge. C'est dans ce contexte que s'élabore la liste des fameux sept péchés capitaux pouvant conduire en enfer : l'orgueil, l'avarice, l'envie, la colère, la luxure, la paresse et la gourmandise. Or ces péchés correspondent en grande partie à des désirs déréglés impulsés par notre *striatum* : la gourmandise correspond au renforceur primaire de recherche de nourriture ; la luxure, à celui du sexe ; l'orgueil et l'envie à celui du statut social et la paresse à celui du moindre effort. Ce qui fait dire au chercheur en neurosciences Sébastien Bohler : « Une grande partie du travail d'un chrétien au Moyen Âge consistait à lutter par la volonté contre ses grands renforceurs primaires[58]. » On trouve, en fait, dans la tradition chrétienne, deux types de régulation du désir : celle imposée par la loi de l'Église et qui, historiquement, a fait le plus souvent appel à la peur de la punition divine. Le fidèle lutte ainsi de toutes ses forces contre la tentation, c'est-à-dire ses pulsions et ses désirs non licites (sexualité hors mariage, gourmandise, envie, désir de dominer les autres, etc.) et il compte sur l'aide divine pour dominer ses désirs. À côté de cette conception, en partie héritée du stoïcisme, et qui fait essentiellement appel à la volonté, on trouve une autre régulation, plus proche de l'aristotélisme ou de l'épicurisme, qui fait davantage appel à la raison pour régler les désirs mauvais. L'ascèse chrétienne se trouve donc au carrefour de ces deux visions héritées du monde antique. Chez la plupart des Pères du désert, il s'agit d'anéantir le désir afin d'identifier sa volonté à la volonté divine et de ne plus vouloir que le bien. Cela a pu conduire à toutes sortes de mortifications (souffrances corporelles volontaires) afin de supprimer les pulsions charnelles, ou d'actes d'humiliation volontaire afin de lutter contre l'orgueil. Mais chez d'autres Pères de l'Église, davantage sensibles à la place de la raison, il s'agissait plutôt d'ordonner toutes les facultés humaines à l'esprit, éclairé par ses lumières naturelles et par la foi. Foi et raison s'associent alors dans ce combat ascétique pour tendre vers la vertu et la sainteté.

Islam

La notion de loi divine est aussi au cœur de la troisième grande religion monothéiste : l'islam. Fondée par Muhammad au VIe siècle dans la péninsule arabique, la religion musulmane entend s'inscrire dans la continuité du judaïsme et du christianisme et considère Muhammad comme le dernier prophète d'une longue lignée, qui commence avec Abraham « le père des croyants ». Le Dieu biblique s'appelle dorénavant Allah et Muhammad impose à ses fidèles cinq commandements fondamentaux que l'on appellera « les cinq piliers de l'islam » : la profession de foi au Dieu unique, le pèlerinage à La Mecque, les cinq prières quotidiennes, le jeûne annuel du ramadan et la pratique de l'aumône envers les pauvres. Hormis la profession de foi, on peut voir dans les quatre autres piliers une forme de régulation du désir : le pèlerinage et le jeûne invitent à modérer, pendant des temps donnés, les désirs charnels et donc à mieux maîtriser le corps. La prière invite à l'humilité devant Dieu et l'aumône au partage et à la justice, autant de manières de réguler les désirs de domination et d'avidité. À ces commandements fondamentaux, la religion musulmane, à travers ses deux grandes sources – le Coran et les hadiths –, ajoutera de nombreuses prescriptions juridiques visant également à réguler les désirs et à maintenir la cohésion de la communauté, notamment la condamnation de la sexualité hors mariage et de l'adultère.

Utilité et limites de la loi religieuse

Fondée sur une norme extérieure (Dieu ou force supérieure), la loi religieuse vise ainsi le plus souvent à réguler les désirs humains désordonnés en posant des limites et des interdits. La loi civile s'est en grande partie inspirée d'elle : presque partout dans le monde, la loi condamne le meurtre, le vol, l'inceste, le viol et même encore l'adultère, autant de manières de réguler les désirs humains illimités, afin de rendre la vie commune possible et de faire reculer la violence, liée principalement aux désirs de convoitise et de domination. Mais la loi civile entend imposer ces lois en dehors de toute référence religieuse, afin de permettre à des individus ne partageant pas les mêmes croyances de vivre ensemble. Cela a été le grand défi de la naissance du politique moderne en Europe. Les philosophes des Lumières se sont préoccupés de la question du fondement de la morale et de la loi : si elles ne sont plus fondées sur les religions qui divergent, alors il convient de séparer le religieux du politique et de les fonder sur la raison qui est universelle. C'est ce que proposèrent Spinoza, Hobbes et Locke dès le XVIIe siècle, puis Voltaire, Rousseau et surtout Kant au XVIIIe siècle.

Si elles visent à tempérer l'orgueil, le désir de domination ou la convoitise et toutes les violences qui les accompagnent, les religions ont aussi, pour la plupart, suscité d'autres violences par leur prétention à détenir une vérité unique et à imposer leurs croyances et leurs normes à tous. Cette intolérance constitue une de leur grande limite et c'est ce qui a conduit les Européens à s'en détourner et à construire une organisation politique fondée sur une séparation des pouvoirs politiques et religieux. Autre limite : la loi religieuse se focalise beaucoup sur le désir sexuel. Toutes les grandes religions fixent, à l'égard de l'amour, du mariage et de la sexualité, un ensemble de prescriptions et d'interdits. Même si elles varient parfois considérablement, ces règles visent à rappeler la fonction première de la sexualité : celle de la reproduction dans le cadre du mariage hétérosexuel, d'où il résulte une condamnation quasi unanime de l'homosexualité et des relations sexuelles hors mariage, ce qui rend les religions de plus en plus déphasées par rapport à l'évolution des mœurs dans le monde contemporain. Une majorité de fidèles n'appliquent plus ouvertement les règles et d'autres, nombreux également, font semblant de les appliquer pour ne pas être mis au ban de leur communauté.

Faut-il en déduire que la loi religieuse est inutile et mortifère ? Freud était convaincu que la maîtrise des désirs et des pulsions était le signe de la civilisation et que la loi religieuse pouvait y contribuer – notamment par l'interdiction de l'inceste. Il a même montré que la loi morale (souvent inspirée par la religion) s'avère nécessaire pour une construction saine du psychisme humain. Mais la censure produite par un rigorisme moral trop strict cause aussi de nombreux dégâts psychiques et reste la source principale des névroses. Au refoulement et à la censure psychique, Freud préfère la sublimation, c'est-à-dire à la prise en compte des désirs, à leur conscientisation et à leur dépassement, lorsque cela s'avère nécessaire pour avoir un comportement moral et social respectueux d'autrui. Nous retrouvons ici la sagesse aristotélicienne ou épicurienne de la régulation des désirs par la raison en vue du bonheur individuel et de la poursuite du bien commun. C'est ainsi que nombre de nos contemporains, qui se sont globalement émancipés de la loi religieuse, reviennent aux sagesses anciennes ou bien s'inspirent aussi de certaines pratiques religieuses traditionnelles – comme le jeûne, le partage ou le pèlerinage – dans un contexte laïc, afin de mieux réguler leurs désirs et accéder à une existence plus sobre et heureuse.

4

Vers la sobriété heureuse

« La sobriété est facteur de bonheur parce qu'elle est libératrice. Si j'en veux toujours plus, quand suis-je satisfait ? »

Pierre Rabhi (XXe siècle)

Même s'ils constituent encore une minorité, un nombre croissant d'individus, et notamment de jeunes, cherchent à sortir de la logique du « toujours plus » impulsée par notre *striatum* et entretenue par la société de consommation. Certains le font à travers la poursuite d'une pratique religieuse stricte (et à laquelle ils sont parfois revenus après une conversion), mais la plupart cherchent à limiter ou réguler leurs désirs dans une perspective laïque, à travers des choix de vie plus sobres, un désir d'allègement et de partage, ou encore une meilleure maîtrise de leur corps et de leur esprit.

Tentatives contemporaines de maîtrise du corps et de l'esprit

Nous avons vu que les premiers renforceurs primaires de notre *striatum* sont la recherche de nourriture et de sexualité et nous avons déjà évoqué le fait que de plus en plus de jeunes ont de moins en moins de rapports sexuels. Il a toujours existé, bien entendu, une abstinence forcée, due au manque de confiance en soi, à un trop grand isolement géographique, à des normes sociales ou religieuses rigoureuses, à des conditions familiales particulières, etc. Mais le phénomène actuel assez massif d'abstinence chez les jeunes de 15 à 24 ans n'a rien à voir avec cela. La plupart ont une vie sociale normale, échangent abondamment via les réseaux sociaux et ont accès très facilement à des sites de rencontres via des applications dédiées. Les enquêtes, comme celle du *Monde* que j'ai citée[59], montrent que nous sommes la plupart du temps devant un choix délibéré de ne pas avoir de relation sexuelle. Aux États-Unis, ce phénomène est parfois relié à des raisons religieuses chez des jeunes chrétiens désireux de remettre en valeur la notion de chasteté volontaire. Rappelons en effet que presque toutes les religions condamnent la sexualité hors mariage et imposent parfois même aux époux des périodes d'abstinence, notamment pendant la période de menstruation de la femme, afin d'affermir la volonté et d'apprendre à résister aux pulsions sexuelles. Mais cela touche peu les jeunes Européens qui vivent dans un monde beaucoup plus sécularisé. Les psychanalystes expliquent, à la suite de Freud, que la fin des interdits diminue le désir sexuel, qui a besoin de fantasmes pour se développer. Les sociologues mettent aussi en cause le développement du virtuel : à force d'échanger de manière virtuelle par les réseaux sociaux, certains ados et jeunes adultes ont peur du contact physique, et la pandémie du Covid n'a évidemment rien arrangé. Je me souviens d'un film qui avait parfaitement pointé ce phénomène dès le début de l'apparition des outils numériques et d'Internet : *Denise au téléphone* de Hal Salwen (1995). Le film dresse le portrait de jeunes New-Yorkais célibataires qui ne communiquent que par téléphone, fax, ordinateur, de leur salle de bains au réveil jusqu'au moment de s'endormir, en pensant à l'élu de leur cœur… sans jamais parvenir à se rencontrer physiquement ! Il est prémonitoire de ce que vivent nombre de jeunes aujourd'hui, accros aux réseaux sociaux, qui développent une sorte de phobie du contact physique et que la distance du virtuel rassure. Toutes ces raisons sont certainement valables, mais ce ne sont pas celles qu'avancent les jeunes eux-mêmes lorsqu'on les interroge. Comme nous l'avons déjà brièvement évoqué, les raisons invoquées tournent autour de deux grands axes : échapper à l'injonction de la performance et échapper à l'injonction de la consommation des corps. De nombreux jeunes affirment vouloir prendre leur temps dans la relation, apprendre à connaître l'autre, laisser monter le désir. Ils redécouvrent presque instinctivement ce que vivaient les générations antérieures, lorsque ce temps de connaissance et de découverte de l'autre était imposé par les normes collectives, notamment par la pratique des fiançailles, ce temps d'abstinence avant le mariage. Ne pas avoir de relation sexuelle dès les premières rencontres permet de faire monter le désir, mais un désir qui n'est pas seulement physique, qui est plus global, relié à une dimension affective, de complicité, de tendresse partagée. Cela permet aussi de dépasser les peurs : peur d'être jugé, d'être forcé, de devoir assurer. Le temps crée un climat de confiance nécessaire à l'épanouissement de la relation sexuelle.

Cette notion d'attente qui fait grandir le désir est d'ailleurs valable dans tous les domaines. Je réalise depuis plus de huit ans des ateliers de philosophie avec les enfants dans les écoles primaires. Je me souviens d'un atelier avec des enfants de CP-CE1 (6-7 ans) sur la question du bonheur. Un enfant avait fait remarquer qu'il n'était pas aussi heureux lorsque sa maman lui achetait tout de suite un jouet qu'il voyait dans un magasin que s'il l'avait attendu longtemps. Presque tous les autres élèves ont surenchéri : « Oui, si on désire un jouet et qu'on ne l'a pas tout de suite, on est beaucoup plus heureux quand on va l'avoir ! » ; « Ça fait du bien d'imaginer qu'on va l'avoir et on en profite encore plus après », etc. Bref, même s'ils souhaitent posséder l'objet de leur désir de manière compulsive, la plupart des enfants ont aussi fait l'expérience que différer sa satisfaction la rend encore plus intense.

On constate aussi, cette fois davantage chez les adultes, un désir de mieux manger et notamment de maîtriser le besoin de s'alimenter de manière permanente et compulsive. Les religions ont presque toutes imposé des périodes de jeûne afin d'éduquer l'être humain à maîtriser sa pulsion de faim : Yom Kippour chez les juifs, carême chrétien, jeûne du ramadan pour les musulmans, nombreux jeûnes dans l'hindouisme, etc. De plus en plus d'Occidentaux redécouvrent de nos jours de manière laïque les vertus du jeûne. Il existe en France des dizaines de centres, comme La Pensée sauvage, qui organisent et encadrent des séjours plus ou moins longs de jeûne total ou hydrique (on continue de boire de l'eau et parfois des jus de fruits ou de légumes). Les vertus médicales du jeûne régulier sont connues depuis l'Antiquité. Et les Anciens avaient aussi constaté qu'il avait pour vertu de clarifier l'esprit. C'est la raison pour laquelle Pythagore et Socrate le pratiquaient et le recommandaient à leurs disciples. J'en pratique un d'une semaine chaque année et je peux confirmer ce fait. Passé le sevrage des deux premiers jours où il faut résister à la pulsion de faim et où on peut ressentir des maux de tête, on sent ensuite l'esprit et le corps plus légers. Les idées sont claires, les intuitions plus fréquentes. Le jeûne permet aussi de développer une liberté intérieure en apprenant à maîtriser ses pulsions. Gandhi considérait ainsi la pratique du jeûne comme un préalable nécessaire à la maîtrise de sa sexualité : on ne peut maintenir sa sexualité sous son contrôle si l'on est incapable de contrôler et dominer sa faim et l'organe du goût. L'idée fondamentale étant d'apprendre à lutter contre la tyrannie de notre cerveau primaire.

C'est ainsi qu'on voit aussi se développer depuis quelques années des jeûnes d'un autre type : celui du sevrage d'informations et notamment d'Internet. Des centres dédiés à ce type de jeûnes naissent ainsi un peu partout dans le monde, afin d'aider de jeunes urbains devenus accros à leur téléphone portable et à leur ordinateur à « décrocher » pendant une période donnée. De manière plus générale, de plus en plus de personnes, et j'en fais également partie, limitent le temps consacré à s'informer, que ce soit par les médias traditionnels ou par Internet. Personnellement, cela fait une dizaine d'années que j'ai décidé de ne pas consacrer plus de vingt minutes par jour à suivre l'actualité, ce qui ne m'empêche pas de lire des articles de fond liés à un sujet précis ou de regarder des documentaires. Mais j'ai constaté que le fait d'être abreuvé quotidiennement d'informations créait de l'anxiété, de l'addiction et était inutilement chronophage. C'est aussi dans un souci de mieux relier et maîtriser le corps et l'esprit que se développent depuis plusieurs décennies dans le monde des techniques orientales de maîtrise du souffle, comme le yoga et la méditation.

Gagner moins pour vivre mieux

Notre cerveau primaire nous pousse aussi à la recherche de pouvoir et de reconnaissance sociale. L'argent satisfait ces deux aspirations. Le désir d'enrichissement et de prestige social a été, et reste encore pour beaucoup, un moteur très puissant qui conditionne la plupart des choix de vie. Mais on assiste aussi depuis quelque temps à l'émergence d'un nouveau modèle : celui d'une vie plus sobre et plus simple qui permet de répondre à des désirs davantage reliés à l'être qu'à l'avoir. Ainsi de plus en plus d'Occidentaux, et notamment de jeunes adultes, font le choix de gagner moins d'argent et de renoncer au prestige social pour avoir une meilleure qualité de vie et consacrer du temps à ce qui les comble le plus : la famille, l'amitié, une passion artistique, le lien avec la nature et les animaux, les voyages, le travail intellectuel et spirituel, etc. Bref, un nouveau mot d'ordre est en train d'émerger : gagner moins pour vivre mieux. En France, la figure de Pierre Rabhi, un des pères de l'agroécologie, a servi de modèle à beaucoup.

Par son choix de vie modeste en Ardèche et par ses nombreux écrits et conférences, il a prôné un modèle de vie fondé sur « la sobriété heureuse ». Ce mode de vie simple, qui vise la modération et la qualité, a aussi pour effet positif d'être bénéfique pour la planète. Décédé en 2020, Pierre Rabhi était une sorte d'Épicure écolo, et même s'il a suscité quelques polémiques, il a créé ou inspiré de nombreux mouvements qui proposent un nouveau modèle de société, fondé sur la sobriété, le partage, la collaboration et le respect des écosystèmes (comme celui des Colibris fondé avec Cyril Dion). L'idée fondamentale étant toujours de limiter ses besoins et ses désirs afin de vivre plus sereinement et de manière plus harmonieuse avec les autres et avec l'environnement. Cette philosophie de vie inspire de nombreuses initiatives individuelles et collectives. Certains ne veulent plus être propriétaires pour ne pas s'endetter ou aspirent à garder du temps pour voyager. Ainsi, de nombreux jeunes sortent du modèle de leurs parents et de leurs grands-parents qui rêvaient avant tout d'acquérir une maison et de signer un CDI pour rembourser les emprunts. Ils préfèrent ne pas s'engager dans un travail fixe et s'adonner à leurs passions. À la sécurité, ils préfèrent la liberté, même si certains d'entre eux dépendent encore régulièrement de leurs parents ou cherchent à bénéficier des aides sociales pour mener ce mode de vie. Quoi qu'il en soit, ils ne sont plus tant motivés par le désir d'enrichissement, de domination et de reconnaissance sociale, que par celui de vivre une vie conforme à des désirs plus profonds et qualitatifs. Le phénomène concerne aussi bien des jeunes non diplômés qui ne veulent plus des petits boulots ou des jobs saisonniers où ils sont corvéables à merci, que des diplômés qui décident de travailler à temps partiel pour consacrer la majeure partie de leur temps aux activités qu'ils aiment, quitte à réduire considérablement leur train de vie. Une journaliste de France Info, Margaux Queffelec, s'est penchée sur le sujet et a interviewé Benoît Serre, vice-président de l'Association nationale des DRH. Pour lui, écrit-elle, cela ne fait aucun doute : la gestion du temps de travail est devenue une exigence de base chez les jeunes salariés. Avec une question qui revient très souvent pendant les entretiens d'embauche : « Est-ce que vous avez assez confiance en moi pour me laisser m'organiser, pour produire ce que vous voulez que je produise sans pour autant dégrader mes équilibres de vie personnelle ? Ça, c'est extrêmement nouveau[60]. »

Selon ce spécialiste, le Covid a accéléré ce qui était une tendance de fond. Quand une entreprise propose un poste, explique-t-il, elle doit être capable de répondre très concrètement à toutes ces questions d'organisation du temps de travail et aussi prouver que l'emploi a du sens, qu'il n'apporte pas qu'un salaire. « Je pense surtout que c'est une génération qui n'est plus du tout prête à sacrifier sa qualité de vie, ses conditions de vie, sa liberté de vie en quelque sorte. »

On assiste aussi aux États-Unis depuis l'été 2021 à un phénomène massif de démissions qui n'est pas sans rapport avec cette problématique. Ce « Big Quit » commence à avoir des répercussions sur toute l'économie américaine. Il y a actuellement près de onze millions d'offres d'emplois non satisfaites. Là encore, c'est du jamais-vu depuis le début du millénaire.

Comme ce choix de vie implique une baisse des revenus (gagner moins), cela a pour conséquence la nécessité de partager avec d'autres dans tous les domaines : l'habitat, les transports, le lieu de travail, l'habillement et l'alimentation, etc.

S'alléger et partager

On voit ainsi se développer chez les jeunes adultes la recherche d'une vie plus sobre et une économie collaborative dans tous les domaines clés de l'existence. L'économie collaborative, qui repose sur le partage ou l'échange entre particuliers de biens, de services ou de connaissances avec échange monétaire (vente, location, prestation de service) ou sans échange monétaire (dons, troc, volontariat) via des plateformes en ligne est ainsi en pleine expansion. Selon un rapport du Sénat de 2017, « l'économie collaborative, ou économie des plateformes en ligne, n'est pas un simple effet de mode, mais une tendance de fond. En Europe, elle a représenté 28 milliards d'euros de transactions en 2016, un montant qui a doublé en un an. En 2025, elle pourrait atteindre 572 milliards d'euros. »

On recherche des habitats légers et peu onéreux : les « tiny house », les yourtes, les camions aménagés. Les formules d'habitats partagés se développent de diverses manières : colocation pour les étudiants et habitat partagé ou écovillages pour les adultes dans lesquels des lieux et des services (linge, jardins potagers, chauffage et électricité, etc.) sont communs. Il existe aussi des partages de logement fondés sur la solidarité. Je suis depuis plus de dix ans le parrain d'une association qui s'appelle Le Pari solidaire (fondée par Aude Messean), mettant en relation des jeunes aux ressources modestes avec des personnes âgées qui les logent pour une somme modique en échange d'un peu de présence ou de quelques services. Tout le monde est gagnant et cela crée des liens intergénérationnels enrichissants. Il existe des associations similaires entre personnes bien portantes et personnes avec un handicap.

Les jeunes de ma génération n'avaient qu'une idée en tête après le bac : avoir une voiture ! Ce n'est plus toujours le cas aujourd'hui. Tant pour des raisons pécuniaires qu'écologiques, de plus en plus de jeunes privilégient les transports en commun et le covoiturage, ce dernier ayant aussi l'avantage de favoriser les rencontres et le lien social. Le domaine de l'alimentation est également touché (jardins partagés, AMAP – regroupement de clients et de producteurs locaux), mais aussi celui de l'habillement avec le développement de la vente de vêtements d'occasion (comme en témoigne le succès de Vinted). La vie professionnelle est également concernée : on recherche les espaces de co-working, moins onéreux et qui favorisent le partage, mais de plus en plus de jeunes aspirent aussi à travailler dans des petites structures plus humaines (type start-up), sans hiérarchie pyramidale et qui affichent des objectifs sociaux et environnementaux. Ainsi il y a quelques années, les étudiants d'HEC ont réclamé que les grandes entreprises affichent clairement l'impact de leur activité sur l'environnement avant de les rejoindre. Ils viennent également de réclamer une refonte des enseignements de la célèbre école de commerce afin d'y inclure les questions écologiques. La pression des étudiants est telle que la direction a annoncé qu'elle intégrerait les sujets environnementaux dans tous les cours dès la rentrée 2023 et le phénomène est similaire dans les pays anglo-saxons. Même dans les *business schools*, l'argument financier et l'ambition sociale ne suffisent plus : les jeunes réclament du sens et le respect de la planète.

C'est donc non seulement à une tentative de régulation des désirs primaires que nous assistons, mais plus profondément à une réorientation des désirs fondés sur d'autres valeurs que celles qui ont dominé dans nos sociétés occidentales depuis plusieurs décennies. C'est tout un modèle de société qui est remis en cause par les jeunes générations. Même si ce mouvement est encore minoritaire, il n'est pas impossible qu'il bouleverse à court ou moyen termes nos modes de vie et notre économie. Ce désir d'aller à l'essentiel, de préférer la qualité à la quantité, de limiter nos désirs primaires pour favoriser des désirs qui nous permettent de nous accomplir dans le domaine de l'être et dans le respect des autres et de la planète, nous montre que le désir-manque de Platon n'est pas le seul moteur de nos existences. Il existe aussi une autre forme de désir, qui n'est ni le fruit du manque, ni impulsé par notre cerveau primaire : le désir de grandir, de s'accomplir, d'être soi, de parvenir à la joie davantage qu'au plaisir. C'est de ce désir-puissance dont nous allons parler maintenant avec Spinoza, Nietzsche, Jung ou Bergson.

Troisième partie

VIVRE AUX ÉCLATS

1

Spinoza et le désir comme puissance

« Le désir est l'essence de l'homme. »
Baruch Spinoza (XVIIe siècle)

Nous avons déjà évoqué le fait qu'Aristote, contrairement à Platon, ne considérait pas le désir uniquement comme manque, mais aussi, et surtout, comme la force qui nous met en mouvement, y compris sur le plan de l'intellect. Ce renversement du concept de désir esquissé par Aristote est davantage explicité par Baruch Spinoza, au XVIIe siècle.

Un désir de vérité plus fort que tout

La vie de Spinoza est un roman. Ses ancêtres avaient fui le Portugal pour échapper aux persécutions chrétiennes. Élevé dans la plus pure tradition du judaïsme au sein de la communauté juive d'Amsterdam, il connaît par cœur la Bible en hébreu à l'âge de 15 ans, mais il commence à pointer toutes les contradictions du texte biblique. Son esprit rationnel et critique dérange à tel point qu'il finit par être exclu de la synagogue à l'âge de 23 ans. Le *herem*, l'acte de bannissement, dont on a conservé la trace, est d'une rare violence : le jeune Baruch est banni de la communauté, maudit à vie, et on interdit à tout juif de le côtoyer. Il doit quitter sa famille et peu de temps après, il échappe à une tentative d'assassinat. Il doit son salut du corps à l'épaisseur du cuir de son manteau qui retiendra la lame du couteau et son salut de l'âme, nous dira-t-il, à la philosophie qu'il découvre grâce à des protestants libéraux qui diffusent la pensée de Descartes et des philosophes grecs à Amsterdam. Devenu humble polisseur de verre pour gagner sa vie, il consacre le reste de son temps à étudier et à développer son propre système de pensée, axé autour de trois axes. La philosophie politique : il est le premier penseur des Lumières et prône une séparation du politique et du religieux, avec la création d'un état de droit garantissant la liberté de conscience et d'expression de tous les citoyens… ce qui lui vaudra, cette fois, d'être persécuté par le pouvoir politique en place. La métaphysique : il affirme que Dieu, à la fois matière et esprit, est la substance de tout ce qui est et il l'identifie à la nature, ce qui lui vaudra l'accusation d'athéisme. L'éthique, enfin, qui révolutionne totalement la pensée morale depuis les Grecs en plaçant le désir et la puissance vitale au cœur de l'agir humain… ce qui lui vaudra l'accusation de libertinage. Spinoza a mis la vérité au-dessus de tout et il l'a payé très cher. Mais ses premiers biographes, pourtant hostiles à ses idées, rapportent que tous les témoins qui l'ont connu attestent que c'était une personne joyeuse et attentive aux autres, en parfaite cohérence avec ses idées.

Augmenter la joie et diminuer la tristesse

Toute la pensée éthique de Spinoza repose sur son observation du *conatus*, « l'effort » que nous faisons pour persévérer et grandir dans notre être. Ce *conatus*, ce moteur de toute notre existence, qui nous incite à survivre et à accroître notre puissance d'exister, il le qualifie aussi, à la suite des Anciens, « d'appétit ». Et Spinoza précise encore que « le désir est l'appétit avec conscience de lui-même » et que « le désir est l'essence même de l'homme »[61]. En quelques lignes, le philosophe définit ainsi le désir comme cet appétit conscient qui nous pousse à persévérer dans notre être et à augmenter sans cesse notre puissance vitale. Et puisqu'il est l'essence même de l'homme, il ne faut en rien chercher à le diminuer ou à le supprimer, comme le prônent les courants ascétiques. Sans cette force du désir, on n'est plus humain. Un être humain qui ne ressent plus aucun désir est un mort-vivant. Il est fondamentalement un être désirant et c'est grâce au désir que nous jouissons pleinement de la vie. Spinoza ne porte donc aucun jugement moral sur le désir : en bon observateur de la nature humaine, il constate, à la suite d'Aristote, la place centrale qu'il tient dans nos existences. En soi, le désir n'est ni bon ni mauvais. C'est une force qu'il faut cultiver pour nous sentir de plus en plus vivants, pour augmenter notre puissance d'action et pour grandir dans la joie. Et nous touchons là au second point fondamental de la philosophie éthique de Spinoza, qui définit la joie, comme « le passage d'une moindre à une plus grande perfection » et inversement la tristesse, comme « le passage d'une plus grande à une moindre perfection »[62]. Ainsi, joie et tristesse sont les deux sentiments fondamentaux qui accompagnent l'augmentation ou la diminution de notre puissance vitale. Chaque fois que nous diminuons notre puissance d'être et d'action, nous ressentons de la tristesse, chaque fois que nous l'augmentons, nous ressentons de la joie. Et toute la philosophie éthique de Spinoza vise à nous apprendre à grandir sans cesse dans la joie, jusqu'à atteindre une joie permanente, que rien ni personne ne pourra jamais nous enlever, et qu'il appelle « la béatitude ».

Cultiver le désir et bien l'orienter

Pour grandir dans cette joie, il est donc nécessaire de cultiver le désir, puisqu'il constitue l'appétit qui nous aide à augmenter notre puissance vitale. Mais pas n'importe comment ! Car si le désir en soi n'est ni bon ni mauvais, s'il est une force essentielle à notre croissance, il peut nous conduire à la tristesse ou la joie, au bonheur ou au malheur, selon les personnes ou les objets vers lesquels nous l'orientons. Si nous orientons nos désirs vers des idées, des choses, des personnes, des aliments qui sont bons pour nous, qui s'accordent bien avec notre nature singulière, alors la jouissance de ces choses et de ces êtres fera croître notre puissance vitale et nous mettra dans la joie. À l'inverse, si nous orientons nos désirs vers des choses ou des êtres qui s'accordent mal avec ce que nous sommes, leur possession ou leur fréquentation entraîneront tôt ou tard de la tristesse, car elles diminueront notre capacité d'action et notre puissance vitale. Je dis bien « tôt ou tard », car l'effet d'un mauvais accord n'est pas toujours immédiatement perceptible. Nous pouvons même ressentir au début de la joie, mais avec le temps, cette joie se transformera en tristesse. Ce type de « fausse joie », Spinoza l'appelle « joie passive » pour la distinguer de la vraie joie durable qu'il qualifie de « joie active ». Une joie passive est une passion que nous subissons, tandis que la joie active est une action qui nous fait grandir et augmente notre puissance d'être et d'agir. L'amour en offre un excellent exemple. Si j'oriente mon désir vers une personne qui s'accorde mal avec ce que je suis, j'aurai sans doute une joie intense au début de la relation, mais une fois l'illusion dissipée, cette joie se transformera en tristesse et même parfois l'amour en haine, nous dit Spinoza. Or si nous orientons parfois – et même parfois souvent ! – notre désir vers des personnes qui ne nous conviennent pas, c'est que nos idées sont erronées ou que notre imagination nous joue des tours, explique Spinoza. Car nos désirs s'accompagnent toujours d'idées et ces idées peuvent être vraies ou fausses, adéquates ou inadéquates. Freud montrera quelques siècles après Spinoza que nous projetons souvent inconsciemment sur l'autre des attentes infantiles non résolues, ou bien l'image d'un parent qui nous a peut-être maltraités, et nous reproduisons sans le savoir un scénario névrotique dans notre vie amoureuse. C'est exactement ce dont parle le philosophe lorsqu'il évoque la passion amoureuse et ses illusions. Spinoza définit l'amour comme « une joie liée à l'idée d'une cause extérieure ». La joie est liée à l'*idée* qu'on se fait de la personne, plus qu'à la personne elle-même qu'on ne connaît pas véritablement : or cette idée peut être adéquate ou inadéquate. Si elle est vraie, alors la joie sera active et l'amour sera profond, durable et joyeux. Nous continuerons de désirer jouir le plus longtemps possible de la présence de l'être aimé, et cette jouissance augmentera notre puissance vitale et donc notre joie. Inversement si cette idée est inadéquate, la joie sera passive, elle ne durera pas, car nous avons idéalisé la personne, nous avons projeté sur elle un tas de choses qu'elle n'est pas, nous l'avons imaginée plus que nous l'avons connue en vérité. Cette joie passive se transformera donc en tristesse car cette relation finira par devenir toxique, inadaptée, décevante ou ennuyeuse. Nous découvrirons que l'autre ne nous fait pas grandir mais qu'il nous diminue, que notre puissance vitale s'altère du fait de cette relation. Nous serons partagés entre des sentiments de tristesse, de colère, ou bien d'indifférence et de dégoût. C'est typiquement le fruit de l'amour *éros*, lié au manque et à l'ennui, lorsque ses illusions se dissipent.

Spinoza éclaire donc d'une manière très pertinente la question du désir : celui-ci est essentiel, il doit être cultivé, mais aussi orienté par la raison. Car nos désirs, pour nous conduire vers des objets ou des personnes qui s'accordent bien à notre nature, doivent être soumis au discernement de notre raison et éventuellement de notre intuition. C'est par l'observation minutieuse de nous-même (« Connais-toi toi-même », comme disait Socrate !), par l'introspection, par l'expérience de la vie, que nous développerons toujours plus d'idées adéquates qui nous aideront à bien orienter nos désirs. À les orienter lucidement vers des objets, des idées, des personnes, qui s'accordent avec nous et dont la jouissance nous met dans la joie. Dès lors, nous quittons le désir-manque de Platon, pour accéder au désir-puissance et au désir-joie de Spinoza. Et notre bonheur consiste à continuer de désirer ce qu'on possède déjà, puisque cela nous convient et augmente notre puissance vitale.

Le désir est le seul moteur du changement

J'ajouterai un élément capital de la pensée spinoziste, qui va à l'encontre de ce que nous concevons communément et qui montre toute l'importance que le philosophe accorde au désir. Face à la question des addictions à un penchant qui nous rend malheureux (alcool, drogue, jeux, sexe, etc.), nous pensons généralement, à la suite des philosophes stoïciens, que notre volonté est la clé de la libération : « Si tu veux, tu peux », comme le dit le dicton populaire. Ou bien, à la suite des philosophes épicuriens, nous sommes convaincus que la raison, le discernement, nous apporteront la lucidité qui nous aidera à sortir de notre vice. Spinoza combat ces deux idées. Il affirme, comme je l'ai déjà brièvement évoqué à propos de l'addiction des jeunes aux réseaux sociaux, que ni la volonté ni la raison ne peuvent seules venir à bout d'un vice profond ou d'une addiction à un objet qui nous met dans la tristesse, car ce sont deux facultés de l'esprit. Or des facultés de l'esprit ne peuvent, à elles seules, lutter contre la puissance des affects. Pour cela, il faut mobiliser le désir, qui engage la totalité de notre être, à commencer par les sentiments et les émotions. Ainsi affirme-t-il cette vérité capitale : « Un sentiment ne peut être contrarié ou supprimé que par un sentiment plus fort que le sentiment à contrarier[63]. » On ne supprimera pas une addiction, ou même une haine, un chagrin ou une terreur en se raisonnant, mais en faisant surgir un nouveau désir qui engage un affect positif puissant, comme l'amour ou la joie. Ainsi, le rôle de la raison consiste à découvrir, « à faire surgir », un nouveau désir lié à un affect positif et celui de la volonté à le poursuivre. Mais ce qui constitue le moteur du changement, c'est le désir et l'affect qu'il mobilise. Nous sommes aux antipodes de la morale traditionnelle qui oppose l'affectivité à la raison et à la volonté, lesquelles auraient pour mission de dompter nos affects. La gestion du désir, son surgissement et sa réorientation, deviennent la clé de l'éthique et du bonheur. Spinoza remplace ainsi la dualité esprit/corps ou raison/affectivité, par la dualité activité/passivité. La passivité est un état où nous sommes mus par des causes extérieures et des idées inadéquates. Elle génère de la tristesse et des joies passives. L'activité est un état où nous agissons à partir de notre nature propre et d'idées adéquates. Elle produit de la joie active. Il s'agit donc de convertir nos passions tristes en actions joyeuses. Ainsi, nous ne subissons plus notre affectivité, nous l'instaurons en orientant consciemment nos désirs vers des choses ou des personnes qui nous font grandir et nous mettent dans la joie.

Lointain héritier d'Aristote et d'Épicure, Spinoza propose donc une tout autre compréhension du désir que celle de Platon et tourne également résolument le dos aux grands courants ascétiques, qu'ils soient religieux ou philosophiques, qui prônent de manière paradoxale de se donner du *mal* pour parvenir au *bien*, de souffrir pour ne plus souffrir. Plutôt que de lutter contre les joies passagères ou les plaisirs artificiels, plutôt que de diminuer notre puissance vitale désirante et d'ajouter à la tristesse, il nous invite à augmenter la joie, l'amour, notre puissance d'action et de création. Au lieu de nous épuiser à traquer nos mauvais désirs, concentrons-nous sur ceux qui augmentent notre joie, car le meilleur moyen de changer, c'est de désirer ce qui nous comble. Ainsi Spinoza écrit-il à la fin de l'*Éthique* cette phrase puissante qui va à contre-courant de tout ce que nous avons appris en deux mille cinq cents ans de morale ascétique : « La Béatitude n'est pas le prix de la vertu, mais la vertu elle-même ; et cet épanouissement n'est pas obtenu par la réduction de nos appétits sensuels, mais c'est au contraire cet épanouissement qui rend possible la réduction de nos appétits sensuels[64]. »

2

Nietzsche et « le grand désir »

> *« Malheur ! Les temps sont proches où l'homme ne jettera plus par-dessus les hommes les flèches de son désir, où les cordes de son arc ne sauront plus vibrer. »*
>
> Friedrich Nietzsche (XIXe siècle)

Spinoza nous invite ainsi à augmenter notre puissance vitale plutôt qu'à la limiter ou la réduire et à faire grandir la joie qui l'accompagne. Il nous invite au banquet du désir, car le désir est le véritable moteur de nos vies, notre puissance d'action, notre élan créateur. Deux autres grands philosophes vont s'inspirer de cette éthique spinoziste du désir et de la joie : Friedrich Nietzsche et Henri Bergson.

Diminuer le désir, c'est diminuer la vie

« Je suis très étonné et ravi ! J'ai un précurseur et quel précurseur ! » écrit Friedrich Nietzsche le

30 juillet 1881. Alors âgé 36 ans, il a récemment démissionné pour raisons de santé de son poste de professeur de philologie de l'université de Bâle afin de se consacrer à la philosophie et à l'écriture. Il vient de lire l'*Éthique* de Spinoza et cette lecture va lui inspirer les grandes intuitions de son œuvre à venir : du *Gai savoir* (1882) à *Ecce homo* (1888) en passant par *La Généalogie de la morale* (1887) et *Ainsi parlait Zarathoustra* (1885). L'écriture de Nietzsche est diamétralement opposée à celle de Spinoza. Ce dernier a construit son *Éthique* comme un système logique et cohérent qui tend à une perfection géométrique, avec des définitions, des axiomes, des propositions, des démonstrations, etc. Nietzsche, lui, entend « faire de la philosophie à coups de marteau » et procède par fragments et aphorismes, plus que par de longues démonstrations logiques. Il adopte volontiers aussi un ton provocateur, pour « réveiller » ses contemporains et son œuvre ne manque pas, de ce fait, de contradictions et de paradoxes. La question du désir n'échappe pas à ces paradoxes qui n'ont, comme nous le verrons, rien d'insurmontable, mais qui peuvent déstabiliser plus d'un lecteur.

Nietzsche emprunte à Spinoza le thème central de sa pensée éthique : le *conatus*, la force désirante de l'être humain qui le pousse à grandir, à prospérer, à dominer, à agir et la baptise « volonté de puissance ». C'est la raison pour laquelle il s'attaque violemment à toutes les philosophies ou les religions ascétiques, qui entendent réduire ou éradiquer le désir. Diminuer le désir, c'est diminuer la vie. C'est nier la volonté de puissance qui caractérise la vie et l'élan créateur qui l'accompagne. « Nous n'admirons plus les dentistes qui arrachent les dents afin qu'elles ne nous fassent plus mal », écrit-il dans *Le Crépuscule des idoles* avant de cibler sa critique sur le christianisme : « L'Église combat les passions par l'extirpation radicale : sa pratique, son traitement c'est le *castratisme.* Elle ne demande jamais : "Comment spiritualise, embellit et divinise-t-on un désir ?" – De tout temps, elle a mis le poids de la discipline sur l'extermination (de la sensualité, de la fierté, du désir de dominer, de posséder et de se venger). Mais attaquer la passion à sa racine, c'est attaquer la vie à sa racine : la pratique de l'Église est *nuisible à la vie*[65]... » Ailleurs, il s'en prend aussi au bouddhisme, certes avec moins de véhémence, pour les mêmes raisons (la volonté qui se retourne contre la vie) et s'inquiète du détour de la culture européenne « vers un nouveau bouddhisme ! Vers un bouddhisme européen ! Vers le nihilisme[66] ! ».

Cette critique radicale des traditions ascétiques qui entendent diminuer le désir ne signifie pas pour autant pour Nietzsche qu'il faille s'abandonner à tout désir. Il admet que pulsions, désirs et passions peuvent nous avilir, mais il convient alors, comme il vient de l'exprimer, de les spiritualiser, de les embellir, de les élever par la raison et par les affects les plus nobles (l'amour, la joie, la gratitude), de manière très similaire à ce que propose Spinoza. Il prône donc une transmutation, une alchimie du désir.

Les désirs étriqués du « dernier homme »

Nietzsche qualifie de « nihilistes » toutes les morales de négation du monde et de la vie et en identifie deux grandes formes : celle des religions qui condamnent ce monde en fonction d'un « arrière-monde », un monde transcendant qui n'existe pas. Celle, ensuite, de personnes qui tout en ne sachant résister à leurs pulsions veulent vivre frileusement, ne recherchant que la sécurité, et qui se plaignent de la vie dès qu'elle présente des obstacles ou des épreuves. Ces individus du « ressentiment » aspirent à la conservation de la santé comme but suprême. Ils survivent plus qu'ils ne vivent. Ils préfèrent les petits plaisirs aux grandes joies. Ils occultent la mort et limitent leurs désirs afin de ne prendre aucun risque et d'éviter toute souffrance. Dans son chef-d'œuvre, *Ainsi parlait Zarathoustra*, Nietzsche oppose la figure du « surhomme », qui affirme pleinement sa volonté de puissance, à celle du « dernier homme » (*der letzte Mensch*), qui représente l'état passif du nihilisme, dans lequel l'homme ne désirera plus rien que la santé, le bien-être et la sécurité, et se réjouira de son absence d'ambition. Après avoir constaté que la foule ne voulait pas entendre parler du surhomme, Zarathoustra lui montre la figure méprisable du dernier homme à laquelle elle aspire : « Il est temps que l'homme se fixe à lui-même son but. Il est temps que l'homme plante le germe de sa plus haute espérance. Maintenant son sol est encore assez riche. Mais ce sol, un jour, sera pauvre et stérile et aucun grand arbre ne pourra plus y croître. Malheur ! Les temps sont proches où l'homme ne jettera plus par-dessus les hommes la flèche de son désir, où les cordes de son arc ne sauront plus vibrer ! Je vous le dis : il faut porter encore en soi un chaos, pour pouvoir mettre au monde une étoile dansante. Je vous le dis : vous portez en vous un chaos. Malheur ! Les temps sont proches où l'homme ne mettra plus d'étoile au monde. Malheur ! Les temps sont proches du plus méprisable des hommes, qui ne sait plus se mépriser lui-même. Voici ! Je vous montre le *dernier homme.* » Et la foule de lui répondre : « Fais de nous ces derniers hommes ! Et garde pour toi ton surhumain ! »[67]

Le dernier homme est un homme du ressentiment et de la négation envers la vie (puisqu'il ne veut en conserver que l'agréable et le confortable). Il ne sait ni créer, ni aimer, ni désirer, même s'il n'en a pas toujours conscience, car il croit aimer la vie puisqu'il vénère la santé et sait doser ses petits auxiliaires du plaisir que sont la nutrition et la sexualité : « On aura son petit plaisir pour le jour et son petit plaisir pour la nuit ; mais on révérera la santé[68]. » Cet homme étriqué, qui n'aspire plus à se dépasser et qui refuse toute souffrance infligée par la vie, est typiquement l'homme occidental moderne qui a supplanté cet autre homme du ressentiment qu'était l'homme religieux. Au nihilisme religieux qui refusait le monde, le désir et la vie au nom d'un arrière-monde, succède donc une nouvelle forme de nihilisme, qui refuse cette fois la vie et le grand désir au nom de la santé et de la sécurité.

« Le grand désir » du surhomme

Le surhomme de Nietzsche représente, à l'inverse, l'homme qui assume pleinement la vie et qui ne cherche pas à tout prix à fuir la mort. Il est entièrement dans l'affirmation et dit un « grand oui sacré » à la vie, car il l'aime telle qu'elle est, et non pas telle qu'il voudrait qu'elle soit. Nietzsche nous invite donc à la fois à affirmer notre volonté de puissance, à désirer pleinement, à nous dépasser, à développer notre créativité, mais aussi à acquiescer au monde et à la vie. C'est pourquoi il choisit comme devise une formule typiquement stoïcienne : *Amor fati* (« aime le destin »). À la manière des stoïciens, il ne s'agit plus de lutter contre les événements du destin, ceux qui ne dépendent pas de nous et qu'on ne peut changer, mais de les vouloir. Et non seulement de les vouloir en cette vie, mais d'être capable de les vouloir une quantité innombrable de fois en imaginant leur « éternel retour[69] ». C'est en ce sens que Nietzsche écrira dans son dernier livre, *Ecce homo* : « Je n'ai jamais eu aucun désir. » Le philosophe signifie ainsi qu'il ne constate dans sa vie aucun effort pour contrarier son destin. Il a su embrasser comme nécessaires et souhaitables tous les événements de son destin, à commencer par sa mauvaise santé. Il a su aussi maîtriser ses pulsions et ses passions. Mais dans le même temps, Nietzsche, qui aime cultiver les paradoxes, affirme qu'il faut désirer pleinement. Dans *Ainsi parlait Zarathoustra*, il écrit : « Il y a en moi quelque chose d'inapaisé et d'inapaisable qui veut élever la voix ; il fait nuit, mon désir jaillit comme une source, il veut élever la voix[70]. » D'un côté, il s'agit de dire oui à la vie, à toute la vie, mais d'un autre, il faut vaincre « la grande lassitude » du nihilisme qui a renoncé au « grand désir », celui de cet autodépassement constant (*Selbst-überwindung*), de cet élan créateur et de cette volonté de puissance, qui nous pousse à affirmer, à grandir, à nous accomplir. On pourrait dire qu'avec les stoïciens, Nietzsche condamne le désir-manque de Platon et la seule poursuite du plaisir, mais qu'avec Spinoza – et contre les stoïciens –, il affirme la nécessité du désir comme puissance et la poursuite de la joie.

Contre « le désir faible », qui est à la fois acquiescement à nos pulsions et refus de la vie, il prône un désir fort qui incite à la maîtrise de nos pulsions, à un amour inconditionnel de la vie et au dépassement de soi dans un élan créateur constant. Face à ceux qui ne désirent plus (c'est-à-dire qui ne désirent plus que des choses faciles et pulsionnelles) ; face à ceux qui n'aiment plus (c'est-à-dire qui n'aiment que de manière fade ou illusoire) ; face à ceux qui ne vivent plus (c'est-à-dire qui préfèrent la survie à la vraie vie), Nietzsche prône « le grand désir », un amour vrai, une vie pleine, et cela quel qu'en soit le prix à payer. « L'homme ne peut créer que dans l'amour, c'est-à-dire dans la foi inconditionnée à la plénitude et à la justice[71] », écrit-il. Il s'agit donc d'avoir foi en soi et foi dans la vie qui est accordée à « l'essence la plus intime de l'être[72] », qui est don, création, mouvement d'autodépassement constant. Comme l'écrit Francis Guibal, « toute l'œuvre de Nietzsche n'est qu'une invitation à aller de l'avant, à libérer en chacun toutes les potentialités vitales, à se créer dans une relation innocente, non réactive, aux différences et à l'altérité. La force et l'intensité du désir nietzschéen portent à libérer en nous la joie et le rire tragiques. Appel à une métamorphose sans fin, à un consentement passionné à tous les aspects du réel, dans l'allégresse et la souffrance, le jour et la nuit inséparables[73]. »

Éloge de l'ivresse

Zarathoustra est le prophète d'une nouvelle culture qui sera faite de spontanéité enfantine, de créativité, d'adhésion passionnée au mouvement créateur de la vie et dont Dionysos, le dieu de l'ivresse et de la danse, serait le symbole. Car pour Nietzsche, l'ivresse est la condition préalable à toute création : « Pour qu'il y ait art, pour qu'il y ait une action ou une contemplation esthétique quelconque, une condition physiologique préliminaire est indispensable : l'*ivresse*[74]. » Peu importe la cause de notre ivresse, ce qui compte, c'est de vivre l'expérience de cet état modifié de conscience qui nous donne ce sentiment de force accrue, de plénitude, d'accomplissement, ce sentiment d'être relié au Tout. C'est alors que nous devenons créateurs, inspirés, transformateurs de nous-mêmes et du monde. Baudelaire ne dit pas autre chose : « Il faut être toujours ivre. Tout est là : c'est l'unique question [...] Enivrez-vous ; enivrez-vous sans cesse ! De vin, de poésie ou de vertu, à votre guise[75]. »

3

Cultiver l'élan vital et se sentir pleinement vivant

« Vivre, ce n'est pas seulement végéter et se conserver, c'est affronter les risques et en triompher. »

Georges Canguilhem (XXe siècle)

Nietzsche fait dire à Zarathoustra : « Et la vie elle-même m'a dit ce secret : "Vois, dit-elle, je suis ce qui doit toujours se surmonter soi-même."[76] » Quelques décennies plus tard, un philosophe français, Henri Bergson, publie un livre majeur, *L'Évolution créatrice* (1907), dans lequel il prolonge la pensée spinoziste et nietzschéenne, à la lumière des sciences biologiques de son époque. Bergson s'inscrit très explicitement dans la lignée de Spinoza lorsqu'il écrit « un philosophe n'a que deux philosophies, la sienne et celle de Spinoza ». Mais il prolonge aussi les intuitions de Nietzsche sur le pouvoir créateur de la vie, qui tend sans cesse à se dépasser.

Bergson et l'élan vital

Bergson développe la thèse « d'une création permanente de nouveauté » à l'œuvre dans la nature. Il renvoie dos à dos, et appelle à dépasser, les deux grandes explications de l'évolution de la vie. D'un côté, depuis Aristote jusqu'à Leibniz, l'explication finaliste considère que la nature poursuit un but. Elle est donc mue par une cause finale. À l'inverse, la science moderne depuis Descartes propose une explication mécaniste de l'évolution : l'ensemble des paramètres initiaux se déploient de manière mécanique, sans suivre une fin particulière (cause efficiente). Bergson entend montrer que ces deux thèses sont erronées, car elles soutiennent toutes deux que tout est donné d'emblée : soit à travers une intention initiale, soit à travers des données matérielles initiales, à partir desquelles on pourrait déduire ce qui n'est pas encore advenu. À ces thèses, Bergson oppose sa théorie de « l'élan vital », fondée sur de nombreuses observations biologiques qui montrent qu'il n'y a aucun plan prévu ou d'avenir prédictible à partir des données initiales, car l'évolution de la vie est imprévisible : elle s'invente sans cesse dans un élan créateur. L'élan vital désigne ainsi ce mouvement créateur permanent qui accompagne l'évolution de la vie et des êtres. Il permet non seulement à la vie de dépasser les obstacles qui se présentent, mais aussi de se déployer continuellement vers de nouvelles formes dès qu'il s'actualise dans une forme précise. Il migre ainsi continuellement pour prolonger son mouvement, créant de la nouveauté. L'apparition de la conscience humaine, qui rend possibles la liberté et le dépassement de l'instinct, constitue un pas décisif dans cet élan créateur, dont l'art et le mysticisme constituent les sommets. Cet élan de vie se caractérise ainsi par « une formidable poussée intérieure[77] », tant au niveau de l'espèce que de l'individu. Nous sommes tous soutenus, traversés, tirés par l'élan vital, qui nous incite à progresser, à grandir, à nous adapter, à évoluer, à créer et à nous inventer. L'élan vital de Bergson s'inscrit ainsi dans la lignée de la force désirante d'Aristote, du désir-puissance de Spinoza et de la volonté de puissance de Nietzsche. Mais Bergson en souligne la dimension historique inscrite dans l'évolution de la vie et son caractère éminemment créateur. Il entend aussi montrer que chacun d'entre nous est appelé à se reconnecter intérieurement à cet élan vital qui anime le monde, à se relier à son mouvement même et à sa puissance créatrice : « Un des objets de *L'Évolution créatrice* est de montrer que le Tout est de même nature que le moi, et qu'on le saisit par un approfondissement de plus en plus complet de soi-même[78]. »

Bergson suggère quelque chose que nous avons tous pu expérimenter : cette joie profonde que nous éprouvons lorsque nous nous sentons parfaitement connectés au monde, à la nature, à la vie. C'est comme si nous étions à notre juste place dans un orchestre en jouant notre partition. Nous nous sentons accordés à la symphonie du monde. Notre moi est relié au Tout. Nous avons le sentiment d'entretenir une relation magique avec la vie. L'élan vital de la vie nous traverse et nous l'enrichissons par notre note personnelle en devenant créateur à notre tour, ou en le conscientisant dans un mouvement de gratitude. Quelles sont les expériences universelles qui permettent de nous relier à cet élan vital et de le cultiver ?

Développer sa créativité

La créativité est évidemment la première expérience qui me vient à l'esprit. J'entends par créativité non seulement la création artistique, mais aussi de manière plus générale le fait d'être créatif dans tous les domaines : un entrepreneur, un sportif, un cuisinier, un artisan, un intellectuel, peut faire preuve de créativité. Des footballeurs comme Pélé, Maradona, Platini ou Zidane développaient un jeu éminemment inspiré et créatif. La plupart des entrepreneurs qui réussissent, dans quelque domaine que ce soit, sont inventifs, intuitifs et doivent leur réussite à la nouveauté qu'ils ont su créer. Un artisan peut faire preuve de créativité, inventer de nouvelles techniques ou de nouveaux modèles, façonner la matière de manière originale, comme un intellectuel peut inventer de nouveaux concepts ou créer des synthèses de savoir originales et éclairantes. L'art, évidemment, est une expérience éminemment créatrice, tant par l'œuvre originale créée que par l'interprétation de celle-ci : un comédien peut être tout autant créateur que l'auteur d'une pièce de théâtre, de même qu'un musicien peut être tout autant créateur qu'un compositeur. Par la création, par notre créativité, nous participons directement à la puissance créatrice de la vie.

Lorsque nous créons, nous nous sentons pleinement vivants, parce que la créativité augmente notre vitalité. Comme le disait Camus, « créer c'est vivre deux fois [79] ». Le processus créatif exalte le parfum de la vie, intensifie l'élan vital, nous donne le sentiment d'être vivants. C'est quelque chose que je conscientise très bien lorsque je suis en plein travail d'écriture et que je me sens soudain inspiré par une idée nouvelle, par un choc heureux des mots, ou lorsque je parviens à exprimer de manière juste et claire un concept complexe. Une joie peut m'envahir et j'ai souvent l'impression que cette inspiration tout intérieure vient pourtant d'ailleurs, comme si elle m'avait été soufflée par l'univers ou par la vie. Les enfants eux-mêmes, à travers le jeu, expriment spontanément leur créativité et les méthodes éducatives les plus efficaces comportent souvent un caractère ludique qui permet aux petits de se sentir créatifs tout en apprenant. Dans son ouvrage *Les Lois naturelles de l'enfant*, Céline Alvarez, par exemple, a bien montré qu'il convient de laisser les enfants aller vers leur propre désir d'apprentissage. Un ami avocat fiscaliste me dit adorer son métier parce qu'il lui permet d'exercer sa créativité comme une autre amie maîtresse d'école qui ne cesse d'innover avec joie dans la pédagogie. En fait, de très nombreux métiers laissent cette porte ouverte à l'expression de notre créativité. Il existe aussi bien évidemment des professions où il est beaucoup plus difficile de l'exprimer : un travail où l'on exécute des gestes répétitifs, par exemple, ou certains travaux administratifs rébarbatifs, etc. Il est alors nécessaire, afin de ne pas sombrer dans la tristesse et la baisse de l'élan vital, de pouvoir faire preuve de créativité ailleurs : dans l'art, la cuisine, le sport, les loisirs, etc.

Se relier à la nature

Depuis mon enfance, j'ai compris une chose capitale : le contact avec la nature me régénère. Déjà petit, lorsque j'étais triste ou malheureux, j'allais dans le grand jardin de la maison familiale et je passais du temps à grimper aux arbres, à jouer dans le petit cours d'eau qui bordait la propriété, ou simplement à m'allonger sur l'herbe en regardant les nuages. En peu de temps, je me sentais mieux, plus tonique, plus joyeux. Adulte, j'ai ainsi choisi de vivre la plus grande partie de mon temps à la campagne et chaque fois que je mets les mains dans mon potager, que je me promène dans la forêt, que je nage dans la mer, je ressens un mieux-être, de la joie, une régénération du corps et de l'esprit. Le contact avec les animaux me fait aussi un bien fou. Le fait de vivre à la campagne m'a permis d'avoir des chiens et des chats et leur compagnie m'a toujours beaucoup apporté, d'autant plus que j'ai toujours récupéré des animaux abandonnés et qu'ils m'ont ensuite témoigné une reconnaissance émouvante. Combien de fois, lorsque j'ai vécu un moment difficile, comme un deuil ou une rupture amoureuse, mes chats sont venus ronronner contre moi pour me consoler, ou mes chiens, par leur compagnie si aimante et joyeuse, m'ont aidé à surmonter ces épreuves de vie et à retrouver l'élan vital et la joie de vivre.

J'ai besoin de la nature pour trouver l'inspiration. J'ai dû écrire une cinquantaine de livres, mais je n'ai jamais pu écrire la moindre ligne en ville ! Lorsque j'écris, je vais me promener pour nourrir mes idées et j'aime écrire devant un beau paysage. Même si j'aime beaucoup certaines grandes cités (comme Paris, New-York, Rome ou Amsterdam), après quelques semaines de suite passées en ville, je me sens de plus en plus vidé, soucieux, stressé. Tandis que le lien avec la nature augmente ma vitalité et me rend inspiré et créatif, habiter en ville la diminue et me fait perdre mon inspiration. Bien entendu, nous sommes tous différents et je connais des écrivains qui ne trouvent, à l'inverse, leur inspiration que dans les cafés ! Certaines personnes, qui n'ont pas connu la campagne enfants, peuvent même se sentir vite perdues et angoissées dans la nature. Mais, de manière générale, les êtres humains ont besoin de ce lien essentiel avec la nature pour se sentir ancrés et apaisés, se régénérer, se relier à l'élan vital. Ce n'est pas un hasard si durant le premier confinement de 2020, les personnes qui avaient la chance d'avoir un jardin ou de vivre en milieu rural l'ont beaucoup mieux vécu, et qu'il a été suivi d'un boom de l'immobilier des maisons en pleine nature, car les citadins qui avaient été contraints de s'isoler dans des appartements souvent petits ont ressenti le besoin de quitter le centre-ville pour s'installer à la campagne et retrouver de plus vastes espaces.

Le psychiatre suisse Carl Gustav Jung avait déjà alerté, au milieu des années 1950, sur le danger psychique que représentait cette coupure avec la nature de l'homme occidental moderne : « Les pierres, les plantes, les animaux ne parlent plus à l'homme. Son contact avec la nature a été rompu et avec lui a disparu l'énergie affective profonde qu'engendraient ses relations symboliques[80]. » Jung observait déjà que cette dissociation était source de nombreuses névroses et de troubles de l'anxiété. Ce constat n'a fait qu'empirer depuis et les psychologues américains parlent aujourd'hui du « trouble du déficit de nature[81] » pour désigner les multiples pathologies issues de ce déracinement : anxiété, stress, troubles de l'attention et de la vue, dépression, etc. Ils s'inquiètent notamment de nouvelles générations d'enfants qui n'ont plus aucun contact avec la nature (qualifiés d'« enfants d'intérieurs » ou d'« enfants sous cloche ») et chez qui on constate des symptômes dépressifs, symptomatiques d'une baisse de vitalité, de désir, d'élan vital.

La nature est sans doute la meilleure maîtresse de vie qui soit. En l'observant, nous découvrons l'extraordinaire équilibre des écosystèmes : chaque plante et chaque animal jouent un rôle crucial pour maintenir l'harmonie de l'ensemble. La nature n'a aucune peur de la différence : celle-ci est au contraire sa richesse. Il existe partout dans la nature une dynamique de l'interrelation – tout interagit avec tout – qui fait vivre la vie et la rend plus vivante. On constate l'élan vital partout à l'œuvre dans la nature, ses capacités de résistance, d'adaptation et de créativité, et c'est aussi pour cela que nous avons besoin de nous relier à elle comme modèle de sagesse de vie.

Habiter son corps et nourrir son esprit

Pour être relié à l'élan vital, il est aussi capital d'habiter notre corps, car nous captons l'énergie du monde avec nos cinq sens. Or, une des conséquences de la rupture avec la nature, c'est une baisse notable de nos perceptions sensorielles. Le phénomène est accentué chez les jeunes par le temps passé devant les écrans, dédié aux jeux vidéo, aux réseaux sociaux ou au travail intellectuel. Il en résulte une forte cérébralisation qui crée un déficit d'attention sensoriel. Le cognitif est trop sollicité et la sensation pas assez. Le phénomène ne date pas d'aujourd'hui. En 1910, un médecin suisse, Roger Vittoz, dresse déjà le constat que de nombreux citadins présentent des troubles nerveux et de l'attention liés à un dysfonctionnement cérébral. Il met alors au point un traitement de ces troubles par la rééducation du contrôle cérébral qui s'appuie sur la perception sensorielle et le développement de la conscience. Sa méthode consiste à aider le patient à lâcher le contrôle cérébral par une pratique de relaxation, puis à remettre de la conscience sur ses sensations. Le patient redécouvre progressivement le plaisir de toucher, de voir, de goûter, de sentir, d'écouter. Il apprend ainsi à se reconnecter à ses perceptions corporelles par des exercices simples, comme savourer lentement un grain de raisin, ou toucher un objet froid en étant totalement présent à cette sensation. Cette rééducation a un impact sur le cerveau et fait disparaître les troubles nerveux qui affectaient le patient.

Cette méthode a en grande partie inspiré la pratique contemporaine de la pleine conscience (*mindfulness*), mise au point par le médecin américain Jon Kabat-Zinn, sorte de méditation laïque qui aide à lâcher le contrôle du mental et à se reconnecter aux sensations corporelles pour réduire les troubles de l'attention et de l'anxiété. Ayant moi-même eu jeune adulte des troubles de l'attention, j'ai suivi un traitement par la méthode Vittoz qui s'est révélé très efficace et je pratique la méditation de pleine présence depuis plus de trente-cinq ans. J'ai ainsi pu constater, et je continue de constater, l'efficacité de ces pratiques qui aident à se sentir davantage présent au monde. Car si on vit en pleine nature et qu'on rumine ses soucis, lorsqu'on s'y promène, on n'en retire aucun bénéfice ! Lorsqu'au contraire nous habitons notre corps, lorsque nous sommes pleinement présents à chaque sensation, à chaque odeur, à chaque détail, à chaque son, nous nous sentons vraiment vivants et par là même plus joyeux et désirants. La pratique régulière d'une activité sportive, à commencer par la marche ou le vélo lorsqu'on se rend à son travail, est des plus profitables. Lorsqu'il est en mouvement, non seulement notre corps se régénère et maintient un bon équilibre des fonctions vitales (cœur, souffle), mais nous nous sentons aussi plus toniques, plus dynamiques, plus sereins et joyeux. Pratiquer une activité sportive quotidienne en pleine conscience est donc un excellent moyen de cultiver l'élan vital.

Si habiter son corps est capital pour développer l'élan vital et faire grandir notre puissante désirante, il en va de même de l'esprit ou de l'âme (quel que soit le nom que l'on donne à notre intériorité). Notre esprit, notre âme, a besoin d'être nourri, sans quoi nous nous atrophions d'une partie essentielle de notre être. Beaucoup de gens démotivés ou déprimés le sont parce qu'ils n'ont pas développé de vie intérieure. J'ai publié en 2010 un livre intitulé *Petit traité de vie intérieure* qui a touché plusieurs millions de lecteurs, car il rappelait avec un mélange de réflexions philosophiques et d'exemples concrets la nécessité de développer sa vie intérieure pour être pleinement humain et s'épanouir en profondeur. La vie intérieure se nourrit en grande partie d'un apport de connaissances, de lectures, de réflexions, qui nous permettent de satisfaire et de faire grandir notre intelligence et de mieux connaître le monde. Mais elle se nourrit aussi d'introspection, de méditation, d'observation de soi. Lorsqu'une émotion surgit en nous, nous apprenons à l'observer, à la savourer ou à la gérer, plutôt qu'à la refouler ou à la laisser nous mouvoir sans conscience. Lorsque je regarde un film ou que je lis des pages qui me touchent, par exemple, j'aime passer un peu de temps en silence à déguster cette émotion plutôt que reprendre tout de suite une autre activité. Nous apprenons ainsi à vivre avec nous-mêmes, à avoir du plaisir à être seuls pour réfléchir, méditer, goûter des sensations ou des émotions. Autrement dit, savourer nos états d'âme. Cette activité intérieure nous rend beaucoup plus vivants que si nous ne vivions qu'à l'extérieur de nous-mêmes, sans cesse sollicités et ballottés par les stimuli de notre environnement.

Ma mère, qui vient d'avoir 97 ans, vit dans une maison de retraite médicalisée car elle ne peut plus marcher. Elle passe son temps à lire, prier, réfléchir et elle manifeste une vitalité et une vivacité d'esprit extraordinaire. Un jour où je partageais un repas avec elle, j'ai été frappé de constater que d'autres pensionnaires, pourtant plus jeunes qu'elles, étaient totalement amorphes, apathiques et semblaient déprimés. « Ce sont des personnes qui sont en train de mourir à petit feu d'ennui, me fit-elle remarquer, car elles ne lisent pas, ne s'intéressent plus à rien et beaucoup perdent aussi la mémoire très rapidement car leurs neurones ne travaillent pas assez. » Lorsqu'on a une vie intérieure, lorsqu'on cultive son esprit, on ne s'ennuie jamais. On a toujours quelque chose à penser, à méditer, à apprendre, à désirer, qui nous stimule et nous rend vivants.

L'esprit humain a aussi besoin de contempler pour être pleinement satisfait. Pour Platon, Aristote ou Plotin, la contemplation – que ce soit celle de la beauté du monde ou de la beauté divine – est l'activité ultime à laquelle aspire notre esprit pour jouir pleinement et pour se reposer. Aristote écrit ainsi à la fin de son *Éthique à Nicomaque* : « Puisque l'esprit est un attribut divin, une existence conforme à l'esprit sera, par rapport à la vie humaine, véritablement divine. Il ne faut donc pas écouter les gens qui nous conseillent, sous prétexte que nous sommes des hommes, de ne songer qu'aux choses humaines et, sous prétexte que nous sommes mortels, de renoncer aux choses immortelles. Faisons au contraire tout notre possible pour nous rendre immortels et pour vivre conformément à la partie la plus excellente de nous-mêmes, car le principe divin, si faible qu'il soit par ses dimensions, l'emporte de beaucoup, sur toute autre chose par sa puissance et sa valeur. Le propre de l'homme, c'est donc la vie de l'esprit, puisque l'esprit constitue essentiellement l'homme. Une telle vie est également parfaitement heureuse[82]. » J'ai aussi besoin très régulièrement de ces moments de recueillement, où mon esprit s'unit à quelque chose de plus grand, à un Tout qui me dépasse et dont le nom importe peu. Je ressens souvent de l'amour et de la joie dans ces temps d'intériorité profonde et ma seule prière consiste à dire « Merci ».

Accepter la mort pour vivre pleinement

Aussi paradoxal que cela puisse paraître de prime abord, je suis convaincu que l'une des meilleures manières de vivre pleinement et de se sentir pleinement vivant, c'est d'accepter la mort. Si toute notre vie est organisée à partir de la peur de mourir, nous risquons fort de vivre de manière étriquée. Nous avons vu que Nietzsche dénonçait avec force cette nouvelle forme de nihilisme qui consiste à rechercher la sécurité et la santé avant toute chose. Car cette obsession nous fait vivre de manière étroite, mue par la peur permanente qu'il nous arrive quelque chose. À vouloir à tout prix éviter la mort, nous devenons des morts-vivants. Ces dernières années, marquées par l'épidémie mondiale du Covid, ont révélé chez un grand nombre d'individus et dans la gestion politique de la crise cette obsession du tout sanitaire. Plus rien ne comptait que de sauver le maximum de vies possible de la maladie, fût-ce au prix de la liberté individuelle et de l'équilibre psychique et émotionnel de tous. À la suite d'André Comte-Sponville, j'ai dénoncé dès le printemps 2020 cette politique qui consiste à placer la santé comme valeur suprême et ensuite en juillet 2021, l'instauration du passe sanitaire qui bafouait notre devise républicaine – liberté, égalité, fraternité – toujours au nom d'une obsession sanitaire, alors qu'il aurait été plus juste de cibler les populations à risque. Combien d'individus ne vivaient plus, par peur d'attraper le Covid, même s'ils n'avaient aucune comorbidité, et que de restrictions si dommageables sur le plan psychique nous avons imposées aux enfants, alors qu'ils étaient si peu concernés par la maladie !

La peur de la mort nous conduit à faire des choix individuels et collectifs qui limitent la vie, la stérilisent, l'affadissent. Mais à quoi bon vivre cent ans, si on ne vit pas vraiment ! Ou si on vit avec des anxiolytiques et des antidépresseurs. De nos jours, l'Atarax (qui est le nom d'un anxiolytique) a remplacé l'ataraxie, qui est la paix intérieure recherchée par les épicuriens et les stoïciens. À la place de la sérénité joyeuse, fruit de la sagesse philosophique qui regarde la mort en face, on se retrouve parfois abruti par des médicaments qui inhibent notre élan vital. Même constat concernant la souffrance, que l'on cherche à éviter à n'importe quel prix. Si nul n'a envie de souffrir, certains toutefois acceptent la possibilité de souffrir (comme ils acceptent la possibilité de mourir) en prenant des risques pour vivre pleinement. Lorsqu'on aime le cœur grand ouvert, on prend le risque de souffrir ; lorsqu'on se livre à des activités sportives intenses, on prend le risque de se blesser ; lorsqu'on décide de continuer à vivre à peu près normalement en période de pandémie (ce qui n'empêche pas de prendre des précautions, comme le port du masque ou certains gestes barrières), on prend le risque de tomber malade. Bref, on peut organiser sa vie en évitant tout risque de souffrance, ce qui conduit à la diminuer, ou bien au contraire en l'acceptant, ce qui conduit à en augmenter l'intensité. Or, dans ce second cas, nous faisons aussi l'expérience que la souffrance peut nous faire grandir. Qu'une épreuve peut nous fortifier, selon le mot de Nietzsche : « Ce qui ne nous tue pas nous rend plus fort. » De même que nos défenses immunitaires ont besoin de lutter contre des ennemis pour se fortifier, de même notre esprit a besoin de surmonter des difficultés et des obstacles pour s'aguerrir. C'est ce qu'exprime si bien Nietzsche dans ce passage de *La Volonté de puissance* aux accents spinozistes : « Ce que veut l'homme, ce que veut la plus petite parcelle d'organisme vivant, c'est une augmentation de puissance. Dans l'aspiration vers ce but il y a plaisir tout autant que déplaisir ; dans chacune de ses volontés, l'homme cherche la résistance, il a besoin de quelque chose qui s'oppose à lui… Le déplaisir, entrave de sa volonté de puissance, est donc un facteur normal, l'ingrédient normal de tout phénomène organique ; l'homme ne l'évite pas, il en a au contraire besoin sans cesse : toute victoire, tout sentiment de plaisir, tout événement présuppose une résistance surmontée[83]. » Loin de toute doctrine doloriste qui nous inviterait à rechercher la souffrance, Nietzsche nous invite à traverser la souffrance lorsqu'elle est là et à la surmonter, car il sait qu'elle peut nous faire grandir. Nous retrouvons une idée similaire chez le psychiatre français Boris Cyrulnik, lorsqu'il parle du trauma comme d'un « merveilleux malheur », puisqu'il a pu observer dans sa vie et dans celle de ses patients ce phénomène de résilience, qui nous permet de rebondir et de grandir après une épreuve de vie. Ne réduisons pas la vie à la seule préservation biologique : vivre, c'est jouir et c'est souffrir ; c'est surmonter les obstacles pour grandir ; c'est vibrer et être traversé par toutes sortes d'émotions et de sentiments ; c'est rire et c'est pleurer ;

c'est aimer parfois jusqu'à donner sa vie ; c'est prendre des risques et préférer la liberté à la sécurité ; c'est regarder la mort comme faisant pleinement partie de la vie et non comme l'opposé de la vie. Vivre, c'est se laisser saisir par l'élan vital et la puissance désirante de tout notre être.

Biophores et biocides

Dans un ouvrage publié en 2021 – *Élan vital. Antidote philosophique au vague à l'âme contemporain*[84] –, la philosophe française Sophie Chassat a inventé un concept très intéressant : celui de « biophore » et de « biocide ». « Est biophore (littéralement les porteurs de vie), écrit-elle, toute expérience qui active, nourrit et transmet l'élan vital. Est biophore ce qui éveille, stimule et féconde la vie vivante[85]. » Les expériences que j'ai décrites dans ce chapitre répondent parfaitement à cette définition et Sophie Chassat en ajoute d'autres, dont une très importante – se relier aux autres – que je traiterai plus longuement dans le chapitre suivant consacré à l'amour. Inversement, elle qualifie de biocide (littéralement ce qui détruit la vie), les expériences qui brisent ou étouffent nos élans vitaux et en décrit trois principaux : l'idéal, la plainte et la norme. Je souscris entièrement à son analyse, notamment lorsqu'elle dénonce « la biopolitique » contemporaine, qui fait de la gestion de la (sur)vie un projet politique à elle toute seule[86] » et elle cite fort à propos cette parole du médecin et philosophe des sciences Georges Canguilhem : « Les normes des vies pathologiques sont celles qui obligent désormais l'organisme à vivre dans un milieu "rétréci". Différent qualitativement, dans sa structure, du milieu antérieur de vie, et dans ce milieu rétréci exclusivement, par l'impossibilité où l'organisme se trouve d'affronter les exigences de nouveaux milieux, sous forme de réactions ou d'entreprises dictées par des situations nouvelles. Or, vivre pour l'animal déjà, et à plus forte raison pour l'homme, ce n'est pas seulement végéter et se conserver, c'est affronter les risques et en triompher[87]. » Sophie Chassat commente ainsi cette citation : « Ces quelques lignes puissantes de Georges Canguilhem peuvent servir à distinguer, à l'échelle non plus seulement individuelle, mais aussi collective, les normes sociales "biophores" de celles qui sont "biocides". Toute norme qui restreint notre puissance d'agir et réduit la vie à un idéal de conservation est biocide, nous faisant courir le risque de tomber collectivement malades, c'est-à-dire inertes, incapables de réagir avec créativité à une situation et d'inventer ce qui nous en libérera véritablement. Ironie : l'obsession sanitaire s'oppose à l'état de santé, elle est littéralement *insane*, à la fois malsaine et démente. Au contraire, les dispositifs nous permettant de continuer à "affronter les risques et à en triompher", ceux-là seuls assurent la vitalité et l'essor d'un collectif. Comme celle d'un individu, la santé vitale d'un groupe humain se mesure à sa capacité à faire face à l'aléa et le vaincre par l'inventivité[88]. »

Cultiver l'élan vital ou développer notre puissance désirante, cela n'est qu'une seule et même chose et nous conduit à vivre en nous sentant pleinement vivants. Quand Gide écrit : « Chaque désir m'a plus enrichi que la possession toujours fausse de l'objet même de mon désir », il signifie que ce n'est pas l'objet désiré, mais que c'est le mouvement même du désir qui importe. Parce que le désir nous inspire, nous fait agir, nous rend créatifs.

4

Les trois dimensions de l'amour-désir

> « *L'amour d'amitié consiste plutôt à aimer qu'à être aimé.* »
>
> Aristote (IVe siècle avant notre ère)

Pour mieux comprendre la complexité des liens affectifs qui nous unissent, les penseurs grecs utilisent principalement trois mots : *éros, philia* et *agapè*. Chacun de ces mots correspond à une forme d'amour et je dirais aussi que chacune de ces dimensions de l'amour correspond à un type de désir.

Éros et le désir de posséder

Comme je l'ai déjà évoqué, *éros* correspond au désir-manque. Même si, selon Platon, il peut conduire certains individus jusqu'à la contemplation divine, *éros* nourrit surtout la passion sexuelle et amoureuse : je désire l'autre parce qu'il vient combler en moi un manque ou une attente. On pourrait dire que dans cette forme d'amour-désir, je veux *posséder*. C'est d'ailleurs ainsi que l'on qualifiera nos relations de désir-amour avec les objets : si je désire ou j'aime le chocolat et les belles voitures, cela signifie que je souhaite les consommer ou les posséder. Dans les relations humaines, *éros* nous incite à aimer-désirer l'autre parce qu'il nous apporte quelque chose, parce qu'il comble un manque, parce qu'il nous répare, nous valorise, nous excite ou nous satisfait sexuellement. Comme nous l'avons vu, la sexualité revêt souvent une forme d'amour narcissique : je suis en quête du regard désirant de l'autre pour conforter mon amour-propre. Elle peut aussi se vivre sur un mode purement utilitaire : l'autre est l'objet de ma jouissance, il est là pour satisfaire mes besoins physiologiques ou répondre à mes fantasmes. Il est alors « chosifié » : on le désire et on l'aime comme on désire et on aime le bon vin. Mais dès que l'autre ne m'apporte plus rien, dès que mon désir sexuel pour lui diminue, dès que je rencontre une autre personne que je désire davantage, ou qui répond davantage à mes besoins, je m'en détourne.

Philia et le désir de partager

Philia correspond à une autre forme d'amour, longuement explicitée par Aristote dans l'*Éthique à Nicomaque*. On traduit généralement *philia* par

« amitié », mais comme ce mot a un sens très spécifique dans la langue française, on pourrait le traduire par « amour d'amitié ». Pour Aristote, en effet, *philia* concerne aussi bien les relations que l'on qualifie « d'amicales », que des relations sociales fondées sur l'utilité, ou encore la relation affective profonde qui unit les époux, des parents et leurs enfants ou des frères et sœurs (d'autres auteurs grecs préfèrent utiliser le mot *storgê* pour qualifier typiquement l'amour familial). Tout en reprenant à son compte l'amour et le désir-manque mis en lumière par Platon, il entend montrer qu'il existe un autre type d'amour-désir qui n'est plus fondé sur le manque : c'est celui qui unit des êtres dans une relation de coopération et d'affection mutuelle. Et il affirme que *philia* « est ce qu'il y a de plus nécessaire pour vivre. Car sans amis, personne ne choisirait de vivre, eût-il tous les autres biens[89]. » Il distingue ainsi trois types de *philia* : l'amour d'amitié fondée sur l'utilité, celle fondée sur le plaisir et celle, enfin, la plus parfaite, fondée sur la joie d'être ensemble. Alors que j'avais défini *éros* par le désir de *posséder*, je définirai *philia* par le désir de *partager*. Ces trois formes d'amitié répondent en effet à un désir d'échange, de partage, d'enrichissement mutuel. Aristote affirme d'ailleurs que, quelles qu'en soient les formes, *philia* se fonde sur la réciprocité et un projet commun. Deux individus se choisissent mutuellement pour coopérer à une œuvre commune (*koinonia*). Si leur relation est fondée sur l'utilité, ils pourront s'unir par exemple autour d'un projet professionnel, associatif ou politique. Si elle est fondée sur le plaisir, ce seront des loisirs ou des activités agréables à partager. Si elle est fondée sur la joie d'être ensemble, ce sera une amitié durable, nourrie par des moments réguliers de partage, ou une vie commune pour des époux. Cette dernière forme d'amitié est la plus parfaite, précise Aristote, car l'autre n'est plus simplement un moyen, mais une fin en soi. Nous aimons l'autre non pas seulement pour ce qu'il nous apporte, mais d'abord, et avant tout, pour ce qu'il est, pour lui-même. C'est sa personnalité qui nous touche. L'amitié repose ainsi sur un amour bienveillant (*eunoia*) qui consiste à souhaiter le meilleur pour l'autre et à l'aimer pour lui-même, sans aucune attente hédoniste ou utilitariste. Nous nous réjouissons de son bonheur, nous nous attristons de son malheur et nous avons à cœur de lui permettre de s'accomplir, d'être pleinement lui-même. Dans l'amour *philia*, notre plus grand désir consiste donc à nous réjouir de la présence de ceux que l'on aime, tout en désirant leur bonheur. Dès lors, le malheur n'est plus lié à ce qu'on n'a pas ou à l'ennui, mais à la privation de ceux que nous aimons, dont la mort est l'expression la plus brutale. Cette amitié est très solide et permet aux amis de s'entraider à travers les aléas de la vie. À l'inverse, l'amitié fondée sur l'utilité ou le plaisir est fragile, car dès lors que les amis ne sont plus utiles ou agréables l'un à l'autre, ils cessent d'être amis.

Quelle que soit la forme que prend *philia,* il y a toujours un désir de partager, de manière réciproque et équitable, avec un autre être humain. Ce partage nous est aussi toujours profitable : il nous aide, nous permet de grandir, de nous améliorer, de prospérer, de vivre en paix, d'avoir du plaisir ou de la joie. Mais il est également toujours profitable à l'autre. Aristote insiste sans cesse sur cette dimension de réciprocité : c'est ce qui distingue la générosité de l'amour bienveillant qui réunit deux amis. On peut faire preuve de générosité, donc d'une forme de bienveillance, envers des inconnus. Tandis que l'amitié se fonde sur une relation bienveillante personnelle, choisie, désirée, entre deux individus. Il précise d'ailleurs que l'amitié cesse dès lors que la réciprocité, l'équité ou le projet commun n'existe plus. Ce n'est donc pas comme pour *éros* la fin de mon désir de *posséder* qui signe la fin de *philia*, mais la fin de la possibilité de *partager*. Lorsque l'utilité, le plaisir ou la joie n'est plus présente et partagée, l'amour d'amitié se délite. Même dans le cas de l'amour qui unit des amis ou des époux, Aristote souligne que si l'ami change et que nous ne ressentons plus cette réciprocité et cette force des sentiments partagés, mieux vaut mettre fin à la relation. Il prend l'exemple d'un ami ou d'un conjoint qui développe un comportement pervers qu'il n'avait pas lorsque nous nous sommes liés à lui et qui refuse de s'amender : « Ce n'était pas à un homme de cette sorte que s'adressait notre amitié ;

si donc son caractère s'est altéré et qu'on soit impuissant à le remettre sur la bonne voie, on n'a plus qu'à se séparer de lui[90]. »

Ce qui est très beau dans cette forme ultime d'amour d'amitié, c'est qu'il représente l'inverse du miroir narcissique d'*éros* : ici je ne regarde plus l'autre comme un miroir flatteur de moi-même, mais je me considère dans le regard d'amour que l'autre porte sur moi. Celui qui m'aime me communique le regard qu'il porte sur moi, qui est souvent plus profond et vrai que celui que je pourrais avoir sur moi-même. Quel bonheur d'être aimés dans notre vérité plutôt qu'à travers l'image fausse que nous avons de nous-mêmes ou que nous essayons de donner de nous-mêmes !

Agapè et le désir de donner

Aristote affirme que dans sa dimension ultime, « l'amitié consiste plutôt à aimer qu'à être aimé[91] » et il donne en exemple l'amour d'une mère pour son enfant. Peut-on dès lors encore, dans un tel cas, parler de *philia* ? Nous sommes au-delà de la réciprocité et de l'œuvre commune. Nous sommes face à un amour inconditionnel, qui n'attend rien en retour. La mère donne, sans rien attendre. Or cet amour-don à un nom : *agapè.* Le mot n'est pas présent sous la plume des philosophes de l'Antiquité. Il apparaît trois fois seulement dans la traduction grecque de la Bible hébraïque et quelques fois aussi sous la plume de Philon d'Alexandrie, ce penseur juif contemporain du Christ. Ce sont les auteurs chrétiens qui vont le populariser, puisque le terme *agapè* revient cent dix-sept fois dans le Nouveau Testament. Il désigne à la fois l'amour inconditionnel que Dieu a pour les êtres humains et l'amour totalement désintéressé que l'on peut avoir pour autrui, l'idée étant que tous les hommes sont frères puisqu'ils sont tous fils d'un même Dieu. Dès lors, il ne s'agit pas simplement d'aimer ses proches (*philia*), mais son prochain, c'est-à-dire aussi bien un inconnu, un esclave, un étranger, un ennemi, etc. Les deux textes du Nouveau Testament qui définissent le mieux l'*agapè* sont la première épître de Jean et la première épître de Paul aux Corinthiens.

Jean écrit : « Bien aimés, aimons-nous les uns les autres puisque l'amour est de Dieu et que quiconque aime est né de Dieu et connaît Dieu. Celui qui n'aime pas n'a pas connu Dieu, car Dieu est amour [...] Et nous, nous avons connu l'amour que Dieu a pour nous et nous y avons cru. Dieu est amour et celui qui demeure dans l'amour demeure en Dieu et Dieu demeure en lui[92]. » Paul rend quant à lui un puissant hommage à l'amour-*agapè* dans cet hymne magnifique : « Si je parle les langues des hommes, et même celles des anges, mais que je n'ai pas l'amour, je suis un cuivre qui résonne ou une cymbale qui retentit. Si j'ai le don de prophétie, la compréhension de tous les mystères et toute la connaissance, si j'ai même toute la foi jusqu'à transporter des montagnes, mais que je n'ai pas l'amour, je ne suis rien. Et si je distribue tous mes biens aux pauvres, si même je livre mon corps aux flammes, mais que je n'ai pas l'amour, cela ne me sert à rien. L'amour est patient, il est plein de bonté ; l'amour n'est pas envieux ; l'amour ne se vante pas, il ne s'enfle pas d'orgueil, il ne fait rien de malhonnête, il ne cherche pas son intérêt, il ne s'irrite pas, il ne soupçonne pas le mal, il ne se réjouit pas de l'injustice, mais il se réjouit de la vérité ; il pardonne tout, il croit tout, il espère tout, il supporte tout[93]. »

Même s'il est forgé dans un contexte théologique particulier, le concept d'amour-*agapè* peut parfaitement être laïcisé pour désigner tout amour inconditionnel. Amour, par exemple d'un parent pour son enfant ou parfois des conjoints entre eux, mais aussi amour pour autrui sans aucune attente en retour. Lorsque l'on risque sa vie pour sauver celle d'un inconnu, ce n'est ni *éros* ni *philia* dont il s'agit, mais bel et bien *agapè*. Le concept *agapè* est très similaire à la notion bouddhiste de compassion (*karuna*), qui désigne ce désir ardent de venir en aide à tous ceux qui souffrent. L'amour-*agapè* manifeste donc un désir de donner. Tandis qu'*éros* désire posséder ce qui lui manque et *philia* partager avec un proche, *agapè* exprime cette dimension de l'amour humain (que les croyants considèrent comme d'origine divine) qui désire donner sans rien attendre en retour.

Les trois dimensions du désir dans la relation amoureuse

Dans la relation amoureuse, ces trois formes du désir peuvent exister. Dans presque tous les cas, *éros* existe : c'est lui qui crée l'attirance sexuelle et qui donne ce sel si intense au désir. Sans *éros*, ce qui est rare, la relation amoureuse sera sans sexualité et sans passion. Dans certains cas, il n'y a qu'*éros* : attirance sexuelle puissante, besoin de l'autre pour combler un manque, projection imaginaire, etc. Dans un tel cas, la relation, aussi forte soit-elle, n'est pas appelée à durer. Tôt ou tard, le désir diminue, l'égoïsme des partenaires finit par la dissoudre, ou encore l'illusion de la projection s'estompe, laissant la place à la désillusion et à l'indifférence ou au ressentiment. Dans la plupart des cas, *éros* coexiste avec *philia* : nous ressentons un désir sexuel pour notre partenaire qui vient combler nos attentes et nos manques, mais nous apprenons à le connaître et, avec le temps, nous nous attachons à lui jusqu'à l'aimer pour lui-même. La plupart des couples qui durent connaissent ces deux formes de désir – celui de posséder et celui de partager – et, bien souvent, ils se succèdent avec le temps. On dira alors que la tendresse et la complicité ont pris le relais de la puissance initiale du désir sexuel et que c'est ce qui fait tenir le couple. *Agapè* peut aussi se développer au sein de la relation : plus on aime l'autre, plus on est capable de l'aimer de manière inconditionnelle, sans attente et sans possessivité. On souhaite avant tout son bonheur et l'amour qu'on lui porte n'est plus conditionné à celui qu'il nous donne. La journaliste et écrivaine Julie Klotz, dans un beau livre récent sur l'amour, écrit : « C'est un amour affranchi de l'ego qui se situe au-delà de l'émotionnel. Il implique le pardon. Rencontre d'âme à âme, il permet l'alliance entre deux libertés, deux êtres entiers. Libéré de toute concupiscence, convoitise et donc d'égoïsme, sans possessivité, sans appartenance, il est l'amour de tout ce qui ne manque pas[94]. » L'auteure souligne aussi fort justement la nécessité, pour réussir une vie à deux, de mettre de la conscience sur les quatre dimensions qui conditionnent la vie amoureuse : la biologie, la psychologie, la culture et la spiritualité.

En fait, je pense qu'un couple équilibré et solide vit ces trois dimensions de l'amour-désir : une sexualité épanouie, une amitié profonde et un amour non conditionné. Le dosage entre ces trois amours-désirs variera d'un couple à l'autre et pourra évoluer selon le temps, mais ces trois dimensions sont essentielles pour une relation à la fois forte, pleine et durable.

Lien aux autres et élan vital

Nous avons vu dans le chapitre précédent que notre élan vital était nourri par la créativité, par la manière dont nous habitons notre corps et dont nous nourrissons notre esprit, par ce lien fondamental avec la nature : le ciel, la mer, les végétaux, les animaux. Il est également nourri par la qualité du lien que nous entretenons avec les autres. L'être humain a besoin de vivre en société pour s'épanouir et nourrir sa vitalité, mais aussi d'entretenir des relations affectives intimes épanouissantes. La psychologie des profondeurs a montré à quel point l'enfant était réceptif à son entourage et combien sa vie entière sera déterminée par ses premiers liens familiaux. Pour se sentir vivant, pour grandir et s'épanouir, l'être humain a besoin d'aimer et d'être aimé, d'être respecté et d'être utile aux autres. Tout au long de notre vie, nous faisons des rencontres qui nous touchent. Comme le fait remarquer Spinoza, certaines nourrissent notre élan vital et augmentent notre joie. Nous dirons qu'elles nous donnent des ailes. De nouveaux désirs naissent alors dans notre cœur. D'autres, au contraire, diminuent notre vitalité et nous plongent dans la tristesse. Nous dirons qu'elles nous plombent. Notre force désirante se tarit. Il arrive aussi souvent que certaines relations nous stimulent au début et nous alourdissent par la suite car nous avons évolué différemment ou bien nous sommes sortis de l'illusion de la passion sexuelle. Il conviendrait alors de défaire ces liens qui étouffent notre vitalité au lieu de la renforcer. J'ai remarqué que lorsque je me trouve dans cette situation, ma créativité diminue : un lien affectif devenu toxique l'étouffe, alors qu'un lien positif la libère. Mais il est évident que les choses ne sont pas toujours simples, et qu'il est parfois douloureux de quitter une personne que l'on sait fragile ou dépendante de nous, ou avec qui nous avons créé un projet commun (familial ou professionnel) qu'il est difficile de défaire.

Les trois formes d'amour que nous venons d'évoquer nourrissent notre élan vital et notre désir de différentes manières. *Éros* augmente notre force désirante à travers la puissance du désir sexuel. *Philia* ouvre notre cœur et le rend plus désirant à travers la profondeur de la vie amicale ou de la vie de couple. *Agapè*, enfin, nous fait vibrer dans les plus hautes résonances de l'amour universel et nous fait pénétrer dans le cercle vertueux, presque magique, de la générosité et de l'abondance de la vie. « Approfondissant cette expérience, écrit ainsi le thérapeute et théologien orthodoxe Philippe Dautais, nous percevons progressivement que tout est don. En nous monte le désir de nous donner [...] Nous entrons dès lors dans une spirale ; plus nous donnons, plus se révèlent nos richesses intérieures, plus nous découvrons la beauté de la vie, nous devenons de plus en plus réceptifs aux dons reçus et attestons que plus nous donnons, plus nous avons le sentiment de recevoir plus qu'on ne donne. Ceux qui savent se mettre au service de l'autre, des autres, témoignent de tout ce qu'ils reçoivent[95]. »

C'est cette expérience de désir et d'amour universel dont témoignent tous les grands mystiques et spirituels de l'humanité.

5

Mystiques du désir

> « *Jésus enseigne le désir et y entraîne.* »
>
> Françoise Dolto (XXe siècle)

Lorsque j'ai évoqué la question de la régulation du désir par la loi religieuse, j'ai omis volontairement de mentionner les courants mystiques qui, au sein même des grandes traditions religieuses, et notamment des trois monothéismes, prônent une autre voie que celle de la loi pour réguler le désir humain. Cette autre voie, c'est celle de l'amour. Un amour qui nous pousse à désirer de manière infinie et nous libère ainsi des désirs finis.

Jésus et la sagesse de l'amour

Dans la critique radicale qu'il fait de la religion, Spinoza épargne un seul personnage : le Christ. Il a toujours refusé de se convertir au christianisme – ce qui lui valut de renoncer à un mariage avec la fille de son professeur de latin –, mais il avait une admiration profonde pour Jésus qu'il considérait autant comme un philosophe que comme un prophète. Pour Spinoza, en effet, le Christ est le seul prophète dont toutes les idées sont adéquates, dont chaque parole est vraie. Il le considère comme « l'émanation de la sagesse divine », c'est-à-dire qu'il comprend de manière parfaitement adéquate les lois divines universelles et les met en pratique. À ce titre, le Christ a transmis aux êtres humains « des vérités éternelles, et, par là, il les libéra de la servitude de la loi et néanmoins la confirma et l'écrivit à jamais au fond des cœurs[96] ». Cette phrase résume parfaitement l'esprit des Évangiles : Jésus affirme qu'il n'est pas venu « abolir la loi, mais l'accomplir[97] », en montrant que le sens véritable de la loi religieuse c'est d'éduquer le cœur humain à aimer. L'amour est la finalité de la loi et lorsqu'on l'oublie, on tombe dans le légalisme, dans la culpabilité, dans la contrainte extérieure qui ne transforme en rien les cœurs. C'est pourquoi Jésus n'a cessé de choquer ses contemporains en prenant toutes sortes de libertés avec la Loi mosaïque, comme de guérir des malades le jour du shabbat, parler à des prostituées, ou pardonner à la femme prise en flagrant délit d'adultère et que la loi ordonnait de lapider, ce qui lui valut d'être livré aux Romains par les grands prêtres pour être condamné à mort. Tout le message des Évangiles est un message d'amour – « Celui qui n'aime pas n'a pas connu

Dieu, car Dieu est amour[98] » ; « Mon commandement, le voici : Aimez-vous les uns les autres comme je vous ai aimés[99] » – qui invite les humains à agir de manière juste, non par peur de la punition divine ou par fidélité aveugle à la loi, mais par amour.

Désirer de manière infinie

Dans son ouvrage *L'Évangile au risque de la psychanalyse*, Françoise Dolto qualifie Jésus par cette belle expression de « Maître du désir » et écrit : « Jésus enseigne le désir et y entraîne. » Cette sagesse de l'amour, en effet, accorde aussi une place centrale au désir : le Christ ne juge jamais, ne condamne jamais, mais cherche à réorienter le désir des êtres cabossés par la vie qu'il rencontre et qui sont considérés comme des « pécheurs ». Le mot « péché », provient du mot hébreu *hata't* qui signifie mal viser, rater la cible. Pour Jésus, celui qui commet un péché est simplement une personne qui oriente mal son désir. Rien ne sert de le punir, de le juger ou de le culpabiliser : il faut rééduquer son désir afin qu'il apprenne à bien l'orienter. Et pour y parvenir, il n'y a qu'un remède : l'amour. Le Christ réoriente les désirs de ses interlocuteurs (Zachée, la femme adultère, la femme samaritaine, etc.) parce qu'il leur témoigne un amour non jugeant et inconditionnel, mais aussi parce qu'il les réoriente vers Dieu, comme source d'amour infini. Nous avons vu que les courants de sagesse d'Orient et d'Occident affirment que l'être humain est malheureux, car son désir est infini et le porte à désirer sans cesse et à être toujours insatisfait. D'où la nécessité de réguler le désir, ou même de le supprimer. Jésus part du même constat – le caractère infini du désir humain –, mais en tire une tout autre explication et conclusion : notre désir est infini car il provient d'un être infini – Dieu. Le seul moyen de le satisfaire, c'est de le réorienter vers cet infini. Autrement dit, ne limitons pas le désir, mais réorientons-le vers sa source infinie et nous pourrons ainsi désirer de manière infinie, sans ressentir aucune souffrance et frustration. La souffrance et la frustration viennent du fait que nous orientons notre désir infini vers des choses finies, qui ne pourront jamais étancher notre soif d'infini. C'est le sens des paroles de Jésus à cette femme samaritaine qui a eu cinq maris et dont le cœur n'est jamais satisfait (car elle s'abreuve à l'amour-passion qui est fini, alors qu'elle aspire à l'amour divin infini) : « Quiconque boit de cette eau aura de nouveau soif ; mais celui qui boira de l'eau que moi je lui donnerai n'aura plus jamais soif[100]. » C'est aussi ce qu'il entend faire comprendre à ses interlocuteurs qui s'inquiètent de savoir s'ils auront à manger ou un toit : « C'est pourquoi je vous dis : Ne vous inquiétez pas pour votre vie de ce que vous mangerez, ni pour votre corps, de quoi vous serez vêtus. La vie n'est-elle pas plus que la nourriture, et le corps plus que le vêtement ? Regardez les oiseaux du ciel : ils ne sèment ni ne moissonnent, et ils n'amassent rien dans des greniers ; et votre Père céleste les nourrit. Ne valez-vous pas beaucoup plus qu'eux ? [...] Recherchez d'abord le règne et la justice de Dieu, et tout le reste vous sera donné de surcroît[101]. » Cette parole est presque inaudible, tant il nous paraît évident que l'essentiel consiste à satisfaire nos besoins primaires. Et pourtant Jésus affirme l'inverse : tournez vos désirs vers cet essentiel qui est Dieu, et la vie vous apportera tout ce dont vous avez besoin. Pour des personnes à qui le mot « Dieu » ne signifie plus rien, on pourrait laïciser cette parole de la manière suivante, sans en trahir du tout l'esprit : cherchez d'abord l'essentiel, osez écouter les désirs les plus profonds et infinis de votre cœur, orientez votre vie vers ce qui est beau, juste et bon en respectant les lois de la vie, alors la vie vous apportera le nécessaire. Tandis que si vous ne vous préoccupez que du nécessaire et placez votre désir dans les choses finies, vous demeurerez toujours insatisfait et passerez à côté de l'essentiel, puisque le nécessaire n'est pas l'essentiel.

On pourrait dire, d'une certaine manière, que Jésus réconcilie Platon et Spinoza. Comme Spinoza, il souligne la puissance du désir et sa nécessaire réorientation par l'amour pour mener une vie bonne. Mais comme Platon, il affirme que notre désir ne peut être comblé que par la rencontre avec la source divine dont provient notre âme, d'où ce manque tenace lorsque nous n'orientons nos désirs que vers des choses terrestres et des biens matériels.

Le message révolutionnaire de Jésus était trop subversif et l'Église, tout en le proclamant, l'a bien vite « recadré », en restaurant une certaine primauté de la loi et la peur de la punition divine. Comme l'a bien souligné le philosophe Henri Bergson dans son dernier livre, *Les Deux Sources de la morale et de la religion*, l'histoire montre cette perpétuelle oscillation entre une religion « ouverte », « dynamique », qui cultive « l'élan vital » – celle des grands spirituels et mystiques de l'humanité – et une religion « close », « statique », celle des institutions religieuses, qui ont pour première préoccupation de contenir le désir des fidèles et de maintenir leur pouvoir. Ainsi l'histoire du christianisme est-elle pétrie de ce mouvement contradictoire entre logiques institutionnelles mortifères (inquisition, croisades, enrichissement du clergé, culpabilisation des fidèles par peur de l'enfer, silence sur la pédophilie des prêtres, etc.) et dynamisme des courants spirituels qui ne cessent de le revivifier (mystiques qui rappellent le primat de l'amour, pauvreté et amour de la nature de François d'Assise, grands ordres monastiques, œuvres éducatives et caritatives qui soulagent la misère humaine, etc.).

Mystique juive du désir

J'ai déjà évoqué comment la loi transmise par Moïse visait autant à inculquer la fidélité à Dieu qu'à encadrer le désir humain entendu comme convoitise. Mais le verbe « désirer » en hébreu connaît plusieurs mots, dont les deux principaux (sans les voyelles) sont RTzH et HMD. HMD signifie convoiter, envier, ambitionner, prétendre, briguer, etc., et c'est celui utilisé dans la dixième parole : tu ne désireras pas la maison, la femme, le serviteur, etc., d'autrui. Parce que le désir comme convoitise est destructeur des relations amicales et fraternelles, la Loi entend le réguler afin de créer une fraternité et une communauté solide entre ces anciens esclaves dont la souffrance était le pain quotidien. D'où les dix paroles du Sinaï augmentées des six cent trois autres *mitzvot* (« préceptes ») que contient la Torah. À l'inverse, le verbe RTzH est utilisé dans le Cantique des cantiques, cet extraordinaire poème biblique, pour exprimer le désir mystique de la fusion avec l'autre que l'on désire. Il ne s'agit plus ici de convoitise, mais d'un désir ardent d'union, qui emprunte au langage érotique. Ce texte fonde la mystique juive de l'union à Dieu et à la part divine présente dans l'autre. Il traduit l'aspiration au dépassement de l'ego pour fusionner dans un Tout plus grand que soi. « Le fond de la tradition spirituelle juive, magnifié par la Kabbale (sa branche ésotérique et mystique) est l'Alliance, rappelle Marc Halévy, remarquable spécialiste de la spiritualité juive. La question est : comment l'humain peut-il se hisser spirituellement jusqu'au divin ou au sacré ? Mais pour que ce chemin puisse s'ouvrir, encore faut-il le désirer. Toute démarche spirituelle ou mystique commence par le désir qui, en somme, en est le pas-de-porte. L'Alliance est impossible s'il n'y a pas d'abord le désir d'Alliance. Il faut d'abord croire que cette Alliance est possible et, ensuite, il faut la désirer. Il ne s'agit donc pas tant d'aimer Dieu (comme le soutient le christianisme), mais de désirer le divin, symbolisé par le tétragramme imprononçable. Ce désir du divin est une aspiration à sacraliser le monde, à sacraliser la vie et l'esprit, à passer au-delà de la profanité [102]. »

Soufisme musulman et désir d'union avec le divin

Ce désir d'union avec le divin est aussi au cœur des grands courants mystiques et ésotériques de l'islam, au premier rang desquels on trouve le soufisme. L'une des caractéristiques de la mystique soufie, que l'on retrouve dans tous les courants ésotériques et mystiques, c'est de quitter la vision dualiste, présente chez les Grecs, dans la Bible ou le Coran, qui sépare Dieu et le monde : d'un côté, un Dieu créateur totalement transcendant et d'un autre, le cosmos créé et ses créatures. Ces courants, à l'inverse, développent une conception moniste, à la manière de Spinoza : Dieu n'est pas extérieur au monde et à ses créatures : il est présent partout. Il ne s'agit dès lors pas tant de se soumettre ou de craindre ce Dieu extérieur et lointain que de s'unir au divin présent partout.

Djalâl ad-Dîn Rûmî, le fondateur des « derviches tourneurs », est l'un des plus grands poètes et mystiques iraniens de la tradition soufie. Il vécut au XIIIe siècle. Affirmant la primauté absolue de l'expérience spirituelle sur le dogme et la loi, Rûmî reste en marge de l'islam officiel, mais attire de très nombreux disciples. Il considère la poésie, la musique et la danse comme d'excellents moyens pour contacter et exprimer le divin. Son amour fou pour Dieu s'exprime avec une liberté et une ardeur qui confinent parfois à l'érotisme et transcendent toute religion et toute croyance. En cela, Rûmî est représentatif des grands mystiques juifs, musulmans, hindous et chrétiens pour qui l'expérience intime de l'amour divin abolit tous les murs, toutes les frontières et le sentiment illusoire de dualité. Laissons-lui la parole :

« Que faut-il faire, ô Musulmans ? Car je ne me reconnais pas moi-même. Je ne suis pas chrétien, pas juif, pas parsi, pas musulman. Je ne suis ni de l'Est, ni de l'Ouest, ni du sol ferme, ni de la mer. Je ne suis pas de l'atelier de la nature, ni des cieux tournants. Je ne suis pas de la terre, ni de l'eau, ni de l'air, ni du feu. Je ne suis pas de la cité divine, pas de la poussière, pas de l'être ni de l'essence.

« Je ne suis pas de ce monde et pas de l'autre, pas du paradis, ni de l'enfer. Je ne suis pas d'Adam ni d'Ève, ni de l'Éden ou des anges de l'Éden. Mon lieu est le sans-lieu, ma trace ce qui ne laisse pas de trace ; ce n'est ni le corps, ni l'âme, car j'appartiens à l'âme du Bien-Aimé.

« J'ai abdiqué la dualité, j'ai vu que les deux mondes sont un. C'est Un que je cherche, Un que je contemple. Un que j'appelle. Il est le premier, il est le dernier, le plus extérieur et le plus intérieur. Je ne sais rien d'autre que "Ô lui" et "Ô lui qui est".

« Je suis enivré par la coupe de l'amour, les mondes ont disparu de mes regards ; je n'ai d'autres affaires que le banquet de l'esprit et la beuverie sauvage. Si j'ai, dans ma vie, passé un instant sans toi, à partir de cette heure et de ce moment, je veux regretter ma vie. Si je puis gagner dans ce monde un instant avec toi, je veux fouler aux pieds les deux mondes, danser en triomphe pour l'éternité [103]. »

Dévotion amoureuse et tantrisme en Inde

De manière assez similaire, il existe dans l'hindouisme des courants spirituels qui mettent en avant l'amour du Dieu, ou du divin, et qui valorisent le désir d'union avec lui. L'un des plus connu est le courant de la *bhaki*, dont la racine *bhaj* signifie partager : par sa dévotion amoureuse envers la divinité, le fidèle aspire à participer à son essence divine. Par sa relation d'intimité envers la divinité (représentée par des statuettes auxquelles on offre de l'eau, des fleurs, des parfums, des fruits), le fidèle crée un lien d'intimité, d'amitié, avec elle, et aspire à s'unir totalement à elle. Cette voie de dévotion amoureuse, qui estime que tous les êtres humains sont égaux quels que soient leur sexe ou leur caste, est considérée par la *Bhagavad-Gita*, l'un des textes les plus importants de l'hindouisme, comme la meilleure voie pour atteindre la libération du cycle des renaissances. La divinité d'élection est souvent l'une des deux grandes figures dominant le panthéon hindouiste, Vishnu et Shiva.

Loin d'être dénigré comme dans la tradition chrétienne, le désir sexuel tient une place importante dans la spiritualité hindoue. Les hindous vénèrent le dieu du désir (Kamadeva), sorte d'*éros* indien, représenté avec un arc et qui lance ses flèches sur les humains pour activer en eux le désir sexuel. Il existe un traité bien connu, le *Kamasutra* (« aphorismes du désir »), qui explique comment trouver le plus de plaisir dans les relations sexuelles. Écrit entre le VIe et le VIIe siècle, il a été illustré au IXe siècle par des miniatures afin de le rendre accessible aux analphabètes, ce qui fit plus tard son succès mondial ! Mais le désir sexuel est aussi présenté dans la tradition hindoue de la *bhaki* comme pouvant conduire à l'élévation spirituelle : ce qu'on appelle le « tantrisme ». « Les traditions tantriques partent du principe que *kâma*, l'*éros*, la passion amoureuse, est le moyen d'accès par excellence pour transcender le soi empirique et accéder au divin[104] », écrit André Padoux, le grand spécialiste français de la question. Ainsi ce n'est plus la jouissance en tant que telle qui est recherchée à travers l'acte sexuel, mais l'union au divin qu'il favorise par le dépassement des limites du moi. C'est la libération et non le plaisir qui est poursuivi par les véritables adeptes du tantrisme, ce qui est loin d'être le cas dans les groupes de pratique du tantra en Occident ! Dans la tradition hindoue, la sexualité tantrique se pratique sous la conduite d'un maître expérimenté et reste très codifiée. Elle est aussi toujours conçue comme la réunion d'un corps masculin et d'un corps féminin : l'union sexuelle est la rencontre entre l'énergie masculine et féminine, et par la puissance de l'orgasme le *yogin* et la *yoginî* se fondent dans l'absolu et rétablissent l'androgynéité divine originelle.

6

Oser désirer et réorienter sa vie

« Plus l'âme désire avec intensité, plus elle rend les choses agissantes, et le résultat est semblable à ce qu'elle a souhaité. »

Saint Albert le Grand (XIIIe siècle)

« Malheur à celui qui n'a plus rien à désirer ! Il perd pour ainsi dire tout ce qu'il possède[105] », s'écriait Jean-Jacques Rouseau en 1761. Ne plus rien avoir à désirer, en effet, c'est comme ne plus être vivant. Même le moine bouddhiste perdu au fond de son ermitage, qui a renoncé à tout, désire encore intensément atteindre le *nirvana* et venir en aide à tous les êtres souffrants. C'est la puissance désirante qui nous rend pleinement vivants. Or beaucoup n'osent pas suivre la voie de leurs désirs.

Oser désirer

Combien de fois avons entendu ces phrases : « Ce n'est pas pour moi » ; « J'en ai très envie, mais je n'ose pas » ; « Je désire aller vers lui (elle), mais il (elle) va me rejeter », etc. Parce que nous manquons de confiance en nous, ou bien parce que nous avons intériorisé les interdits et les limites posés par notre culture ou notre milieu familial, nous limitons sans cesse nos désirs. Adolescent, la première fois que j'ai dit à une fille que je désirais sortir avec elle, elle m'a répondu que j'étais très sympa et qu'elle m'appréciait beaucoup, mais qu'elle n'éprouvait pas de désir pour moi car elle me trouvait trop petit. Du coup, j'ai été complexé pendant des années et je n'ai fait que réprimer mon désir d'aller vers d'autres jeunes femmes de peur d'être encore rejeté. Heureusement, à l'âge de 17 ans, une femme un peu plus âgée m'a redonné confiance en moi et m'a permis par la suite d'oser exprimer à nouveau mon désir amoureux. Dans cet exemple, le désir était présent et conscient, mais c'est son expression verbale et le chemin vers sa réalisation qui était bloqué. Cela arrive très fréquemment et il faut souvent un déclic positif, une rencontre soutenante, un changement d'environnement, voire un travail thérapeutique, pour parvenir à oser exprimer son désir et tendre vers son objet. Dans certains cas, nous n'avons même pas conscience de nos désirs les plus profonds. Notre vie est décevante, nous la sentons vide de sens, nous n'aimons pas notre travail, nous sommes tristes ou déprimés, mais nous ne savons pas vraiment quoi faire d'autre, où aller, comment trouver ou retrouver le goût de la vie. Bref, nous ne savons pas quoi désirer, qui puisse mobiliser notre puissance vitale. C'est souvent le cas à l'adolescence, lorsque nous peinons à identifier nos véritables désirs, qu'ils soient amoureux ou professionnels. Mais cet état peut persister à l'âge adulte lorsque nos choix passés se révèlent insatisfaisants. Nous avons peut-être ce à quoi tout le monde semble aspirer – un boulot, une famille, une maison –, mais rien ne nous fait vraiment vibrer. Nous connaissons des petits plaisirs, mais pas de vraies joies. Rien ne nous passionne et nous avons le sentiment que nous passons à côté de notre existence. Comment remettre en route notre puissance désirante ? Comment identifier ce qui pourrait nous mettre dans la joie ?

Jung : besoin de sens et processus d'individuation

Le médecin et penseur suisse Carl Gustav Jung a placé ces questions au cœur de sa pratique thérapeutique et de sa réflexion. Alors jeune médecin psychiatre dans une clinique réputée de Suisse, Jung entre en relation épistolaire avec Sigmund Freud dont il admire les théories, malgré les vives critiques que suscite la psychanalyse naissante dans les milieux universitaire et psychiatrique. Les deux hommes se rencontrent à Vienne en 1907 et c'est un véritable coup de foudre. Ils travaillent main dans la main durant plusieurs années et Freud désigne Jung comme son dauphin pour lui succéder à la tête du mouvement psychanalytique. Pourtant, de profondes divergences vont progressivement naître et finir par avoir raison, à l'automne 1913, de leur amitié et de leur collaboration professionnelle. Le principal point de divergence porte sur la notion de libido. Nous avons vu dans un chapitre précédent que Freud assimilait la libido au désir sexuel et était convaincu qu'elle était à l'origine de toute l'activité humaine. Jung ne partage pas cet avis et il montre que la théorie freudienne de la libido ne peut expliquer des cas cliniques de schizophrénie (dont il est un des pionniers), où l'on assiste à des phénomènes de perte de réalité. Jung propose alors de redéfinir la libido, au-delà de ses manifestations sexuelles, comme un « instinct vital continu », un « vouloir vivre ». Il se situe ainsi dans la continuation de Spinoza, Schopenhauer ou Nietzsche, dont il est un fervent lecteur. La libido, ce n'est pas seulement le désir sexuel, c'est la puissance vitale, le désir de progresser, de s'accomplir, y compris sur le plan spirituel. C'est ainsi que Jung sera amené, après s'en être éloigné (son père était pasteur), à considérer de manière plus favorable les religions, car elles apportent des réponses aux grandes questions existentielles qui tourmentent l'être humain. Or, pour lui, la question du sens de la vie est centrale et son évitement peut conduire à des troubles psychiques : « La psychonévrose est dans son sens le plus profond, une souffrance de l'âme qui n'a pas trouvé son sens [106] », écrit-il. Les études contemporaines en neurosciences valident un tel diagnostic. Après avoir évoqué dans *Le Bug humain* la question du désir tel qu'il se manifeste dans notre *striatum*, Sébastien Bohler a consacré un ouvrage à la question du sens à partir de nombreuses études menées sur le cortex cingulaire et il conclut : « Déceler du sens autour de nous est si crucial pour notre survie que ces situations où ce sens nous échappe provoquent l'apparition d'une angoisse physiologique aiguë [107]. » Selon Jung, il existe deux grandes voies pour répondre à ce besoin vital de sens : la religion et le processus d'individuation. Une croyance religieuse structurante fournit en effet à l'être humain un dispositif de sens qui l'aide à vivre et qui répond à son besoin « d'expression mythique », c'est-à-dire son besoin fondamental d'avoir une représentation du monde et de son existence qui satisfasse la totalité de son être (conscient et inconscient). Cette même expression mythique peut aussi provenir, pour des individus non religieux, d'un travail psychologique et spirituel, que Jung appelle le « processus d'individuation », et qui consiste à devenir l'individu singulier que nous sommes, à accéder à notre véritable personnalité. Il s'agit d'accueillir et de faire grandir ce qui pousse en soi, de conscientiser le mouvement singulier de notre puissance vitale et d'identifier ainsi nos désirs les plus profonds et personnels. À la suite de Spinoza, Nietzsche et Bergson, Jung est donc convaincu que chaque individu est mû par une force intérieure qui le pousse à s'accomplir, à se réaliser de manière unique (d'où le mot « individuation »). L'élan vital se manifeste pour chaque individu sous la forme d'un appel ou d'une vocation intérieure qu'il doit apprendre à écouter et à suivre s'il ne veut pas passer à côté du sens de sa vie. « Il s'agit de dire oui à soi-même, écrit Jung. C'est dans la mesure où, infidèle à sa propre loi, on ne s'élève pas à la personnalité, que l'on a manqué le sens de la vie[108]. » Pour y parvenir, Jung nous invite à écouter les messages de notre inconscient, à travers notamment nos rêves et les synchronicités (les troublantes coïncidences qui se manifestent parfois dans nos vies) ; à démasquer notre *persona*, le masque social que nous portons et qui dissimule notre véritable personnalité ; à intégrer notre part féminine (*anima* chez l'homme) et masculine (*animus* chez la femme) ; à reconnaître et traverser notre ombre, cette part obscure de nous-mêmes que nous refoulons ; à apprendre à réconcilier nos polarités et nos dualités et à identifier nos désirs les plus intimes et les plus forts, ceux qui nous mettent dans la joie et auxquels souvent nous n'osons croire. Je suis convaincu que Jung, par son expérience personnelle et thérapeutique (il a soigné des milliers de patients et analysé plus de quatre-vingt mille rêves) a compris une vérité profonde et mis à jour une loi universelle de l'être humain : ce besoin de s'accomplir de manière singulière en réalisant sa personnalité, en accomplissant sa vocation profonde.

De nombreux auteurs contemporains – romanciers, psychologues, spirituels – se sont inspirés des thèses jungiennes et les ont prolongées. Comme l'écrit par exemple si justement Philippe Dautais : « La vie est intégration d'un potentiel d'énergies. Dans le gland, le chêne est déjà présent en puissance. L'enfant, dès le ventre de sa mère, porte en lui des richesses immenses, une entière capacité d'humanité. La tâche de l'être humain est de mettre en mouvement ces richesses et de croître en humanité. Il devra à cet effet reconnaître ses richesses, les nommer pour les intégrer et ainsi devenir consciemment ce qu'il est potentiellement. Lent travail du devenir conscient, chemin de maturité qui participe de l'avènement du sujet libre et responsable[109]. » *L'Alchimiste*, le conte initiatique de l'auteur brésilien Paolo Coelho, met parfaitement en lumière la notion de vocation de vie, que l'auteur appelle « la légende personnelle ». Un berger andalou, Santiago, se lance à la recherche d'un trésor enfoui à proximité des pyramides d'Égypte. Il y rencontre l'Alchimiste qui va lui apprendre à lire les signes du destin, à écouter son cœur et à suivre ses désirs et ses rêves les plus profonds. Réaliser sa « légende personnelle », c'est une manière poétique de parler de la réalisation du processus d'individuation jungien : tendre vers ce pour quoi on est fait et qui nous met dans l'enthousiasme. Le vrai trésor n'est pas extérieur, mais intérieur : c'est la réalisation de soi. Je suis convaincu que si ce livre a connu un tel succès planétaire (plus de quatre-vingt-dix millions de livres vendus), c'est parce qu'il exprime de manière simple et symbolique une vérité profonde, vérité que Jung a mise à jour de manière remarquable par ses travaux sur la psyché humaine.

Réorienter sa vie

Jung remarque que le processus d'individuation se met souvent en place vers le milieu de la vie, entre 35 et 50 ans, lorsque les individus se rendent compte qu'ils ne sont pas pleinement satisfaits de leur existence. Avant, nous avons le nez dans le guidon : il nous faut faire des études, gagner notre vie, fonder une famille. Puis survient ce qu'on appelle communément « la crise du milieu de la vie », où nous commençons à nous poser davantage de questions : avons-nous fait les bons choix professionnels et affectifs ? Sommes-nous à notre juste place ? Notre existence est-elle vraiment satisfaisante ? Nous faisons alors le tri entre ce qui vient vraiment de nous (de notre élan vital personnel) et ce qui vient des autres qui ne nous correspond pas. Nous avons pu, par exemple, choisir tel métier sous l'influence de notre milieu familial ou par besoin de sécurité matérielle, sans écouter notre désir profond. Nous ressentons alors le désir de réorienter notre vie pour suivre ce qui nous semble plus juste, plus personnel, ce qui nous met davantage dans la joie. Personnellement, je n'ai jamais eu à faire cette réorientation car j'ai eu la chance d'identifier très tôt ma vocation : écrire pour aider les autres à mieux comprendre ce que j'avais moi-même reçu et compris de la vie. Mais de nombreuses personnes de mon entourage ont ressenti ce besoin de changer de vie. Une de mes sœurs a travaillé longtemps dans une banque avant de se reconvertir comme thérapeute. Une autre travaillait à Paris et a tout quitté à 35 ans pour cultiver des plantes médicinales dans la Drôme. Elle m'a dit une fois : « Je gagne beaucoup moins d'argent, mais je suis beaucoup plus heureuse, car j'ai réalisé mon rêve de mener une vie simple en pleine nature. » Je connais des dizaines de personnes qui cherchent à changer de vie car elles ne s'épanouissent pas dans leur existence actuelle. Toutes ont en commun d'essayer d'être à l'écoute de leur élan vital et de leurs désirs les plus personnels.

Certes beaucoup hésitent à franchir le pas, à quitter la sécurité financière qu'apporte un emploi stable ou rémunérateur. J'en sais quelque chose pour avoir moi-même pris ce risque en démissionnant d'un poste de directeur littéraire à 30 ans pour me lancer dans l'aventure de l'écriture à plein temps. Je n'ai jamais eu à le regretter, bien au contraire, même si j'ai connu des doutes et des années difficiles financièrement avant que le succès ne soit au rendez-vous. Mais même dans ces moments délicats, je restais porté par mon désir profond de me consacrer totalement à l'écriture et c'est sans doute cette foi et cette persévérance qui m'ont permis, progressivement, de rencontrer le public et de pouvoir vivre uniquement de ma plume. « Plus l'âme désire avec intensité, plus elle rend les choses agissantes, et le résultat est semblable à ce qu'elle a souhaité », écrivait le grand théologien médiéval Saint Albert le Grand (XIIIe siècle). J'ai expérimenté cette vérité profonde : l'univers répond bien souvent aux désirs les plus profonds et les plus justes de notre cœur.

Voyages et pèlerinage de Compostelle : une quête de soi

Pour se mettre à l'écoute d'eux-mêmes et de leurs désirs intimes, de plus en plus de jeunes adultes décident de voyager. Le voyage peut être une fuite, mais il peut aussi favoriser une mise à distance vis-à-vis d'un environnement culturel et familial qui nous enferme dans une conception trop étroite de la vie et nous empêche parfois d'évoluer selon notre propre personnalité. D'autres, généralement plus âgés, décident de partir sur les chemins de Compostelle pendant plusieurs semaines, ou plusieurs mois, pour marquer une pause dans leur vie et se mettre à l'écoute de leurs désirs profonds. Venus du monde entier, ils sont ainsi plus de deux cent mille chaque année à cheminer en Europe. À la faveur du tournage d'un documentaire de télévision, j'ai marché quelques jours sur les chemins de Compostelle et j'ai pu échanger avec de nombreux pèlerins. La plupart ne sont pas religieux, comme les pèlerins du Moyen Âge, mais tous ont en commun de s'interroger sur le sens de leur existence. Le pèlerinage constitue pour eux un temps privilégié où ils commencent par apprendre à s'alléger en distinguant le nécessaire du superflu (le sac à dos ne doit pas dépasser huit à dix kilos pour plusieurs semaines ou mois de randonnée !). La marche quotidienne d'une vingtaine de kilomètres leur offre le loisir de méditer, de réfléchir à leur vie, de prendre du recul. Mais aussi de se relier à la nature et aux autres. Beaucoup m'ont confié que ce pèlerinage était en fait un chemin vers eux-mêmes, une sorte de quête de soi, afin d'apprendre à écouter les désirs de leur cœur et peut-être de réorienter leur vie. J'ai demandé à l'une de ces pèlerines, Amélie, une jeune femme de 38 ans qui habite dans le Pays basque, de m'écrire son propre témoignage, car il est emblématique de ces personnes en quête de sens qui décident un jour de se mettre à l'écoute de leurs désirs les plus personnels à travers la marche et les voyages. C'est aussi un bel exemple de processus d'individuation !

« Quand j'étais petite et que l'on me demandait ce que je voulais faire quand je serais grande, je répondais : “Je voudrais être *apprentisseuse*”. Mais pour répondre à une injonction familiale de sécurité financière, je suis devenue audioprothésiste. C'est un beau métier et je l'exerce avec toutes mes valeurs. Mais je ne suis pas mon métier. Il y a intérieurement une autre partie de moi-même qui cherche à s'exprimer, à être, à exister, une partie encore inconnue qui ne peut s'exprimer dans ce quotidien toujours plus rapide, où la charge mentale et les multiples sollicitations ne laissent que peu de place à autre chose sinon à mon “avatar socialement correct” ! Dans cette quête de cet autre moi, quête de désirs profonds, je n'ai pas trouvé d'autres voies que celle de m'accorder du temps et de l'espace, seule. Pour cela, j'avais décidé de partir voyager en Amérique du Sud pendant un an et finalement ce séjour s'est transformé au bout de quelques mois en une nouvelle aventure professionnelle où je me suis découvert de nouveaux talents en tant que “porteuse de projet”, “créatrice et développeuse de sociétés” dans le même domaine d'activité : l'audioprothèse. Cette expérience de quatre ans en Amérique du Sud m'a ouverte à une autre culture, à d'autres horizons. Mais j'ai ensuite ressenti le besoin de revenir à mes racines, de rentrer en France et de poursuivre ce voyage intérieur sous la forme du pèlerinage sur le chemin de Compostelle. Voyager ou marcher, c'est s'accorder du temps et de l'espace seul pour "désapprendre" et "réapprendre" sur soi. C'est sortir de l'agitation de son mental et de ses addictions quotidiennes. C'est décider de poser le(s) masque(s) communautaire(s). C'est choisir une forme d'inconnu source d'enseignements et d'inspiration. C'est quitter sa zone de confort, parfois étroite et étouffante. C'est décider d'écouter le désir hurlant de se réapproprier du temps et de l'espace seule. C'est partir à la découverte ou à la redécouverte de soi, d'un soi plus grand. C'est déconstruire pour reconstruire, ou plutôt devrais-je dire "dé-savoir" pour "re-savoir" sur soi.

« Au début de cette réappropriation du moi, poursuivant le désir profond du "connais-toi toi-même", j'avais un carnet sur lequel je notais mes rêves, parfois très éclairants, et j'écrivais au fil des jours les choses que j'aimais réellement sur la page de gauche et celle que je n'aimais pas du tout sur celle de droite. Tout ça dans le but d'ancrer vraiment qui j'étais à partir du corps, des choses matérielles et sensibles du quotidien, parce que je sentais que j'étais enfermée depuis longtemps dans divers rôles sociaux, familiaux dans lesquels je n'arrivais pas à lâcher la palme d'or, et que ce que je reflétais à l'extérieur n'était ni ce que j'étais intérieurement, ni ce que je désirais incarner. L'indice majeur de ce décalage était évident : le niveau de stress qui avait envahi ma vie et en avait peu à peu effacé la joie. Il fallait que les choses changent, il fallait commencer par un début : la réappropriation du corps, du cœur, de l'esprit ; la confrontation au monde, seule ! Il y a six ans, lorsque je suis montée dans cet avion aller simple pour l'Amérique du Sud, l'essentiel dans mon sac à dos de quatorze kilos et dans mon cœur, il y avait bien sûr une appréhension face à ce nouvel et immense inconnu mais je me sentais aussi sereine, légère et libre. Je respirais de nouveau ! Dans cet inconnu immense qui s'offrait à moi, je recevais un nouveau souffle. Le voyage initiatique pouvait commencer.

« Lors de ces différents périples, je me suis reconnectée à la nature : grande, belle, intelligente. Je me suis frottée au contact de l'autre : péruvien, équatorien, uruguayen ou pèlerin ; passant, ami ou amant, j'ai eu le temps d'écouter la différence, la profondeur de chacun au-delà des apparences, j'ai aperçu le meilleur comme le pire. Je me suis émerveillée, j'ai pleuré, parfois de joie, parfois de grâce, parfois de colère, parfois de tristesse. Au contact de moi-même, j'ai pris le temps de m'écouter, j'ai accordé du temps à ce que j'aimais, la réflexion, le dessin, la lecture philosophique, la musique, la danse, l'écriture ; j'ai affermi mon indépendance et j'ai laissé s'exprimer en moi de nouvelles facettes. J'ai réappris à entendre mon corps, mon cœur, et mon ego fripon bien-aimé. J'ai aperçu le meilleur et aussi appris à traverser mes ombres cachées. Peu à peu, loin des conditionnements et des cages conceptuelles dans lesquelles je me sentais perpétuellement enfermée, au contact de nouvelles expériences choisies, j'ai pu explorer et révéler de nouvelles facettes en moi, acquérir de nouvelles compétences, grandir dans de nouveaux domaines et retrouver la joie d'être. J'ai retrouvé le bonheur de faire de nouveaux choix libres et ciblés, de me sentir grandir, et d'exprimer tous mes traits de caractère parfois opposés, toutes mes dualités, toutes mes forces et toutes mes fragilités. Riche de ces expériences en terres inconnues, j'ai compris que la vie était à l'image du chemin de Saint-Jacques-de-Compostelle : on y apprend toujours sur soi-même, on y rencontre des gens qui nous font grandir, nous soutiennent alors que d'autres ne sont que de passage, on y vit obligatoirement des moments difficiles dans lesquels il faut mobiliser ses propres ressources ; il ne convient pas d'attendre pour avancer (et se transformer) mais il est nécessaire de décider et impulser le mouvement ; enfin, il convient de choisir un cap à suivre, l'ajuster si nécessaire mais toujours persévérer. Si je sais aujourd'hui que je ne suis pas encore la version totalement accomplie de moi-même, la version rayonnante du grand moi mystérieux, je sais que je suis sur le bon chemin et beaucoup plus joyeuse qu'avant ! »

Conclusion

« Nous ne désirons pas une chose parce qu'elle est bonne, mais nous la jugeons bonne parce que nous la désirons. »

Baruch Spinoza (XVIIe siècle)

J'ai commencé cet ouvrage en rappelant l'impérieuse nécessité du désir : sans désir, aucune vie ne vaut la peine d'être vécue. Le chemin que nous avons parcouru nous a permis de voir qu'il existe deux grandes clés de compréhension du désir humain. Celle du désir comme manque, mise en lumière par Platon, reprise par la plupart des écoles de sagesse du monde antique et confirmée par les neurosciences ; et celle du désir comme puissance, esquissée par Aristote avant d'être parfaitement explicitée par Spinoza, puis par Nietzsche, Bergson ou Jung. De mon point de vue, Platon et Spinoza ont tous les deux raison. Ils pointent avec justesse deux dimensions du désir humain dont nous faisons tous l'expérience : le désir-manque, qui nous apporte du plaisir et qui peut nous amener à désirer nous améliorer, mais qui peut aussi nous conduire à la convoitise, à l'envie et à l'insatisfaction permanente ; et le désir-puissance, qui nous élève jusqu'à la joie parfaite, mais qui peut aussi nous conduire à une forme de domination ou d'excès (l'*hubris* des Grecs), s'il n'est pas réglé par la raison. Notre existence oscille bien souvent entre les deux, et nul doute que si nous aspirons à la sérénité et à la joie, il est nécessaire d'apprendre à discerner et à bien orienter nos désirs. Mais la manière dont nous orientons nos désirs n'a pas seulement un effet sur notre vie personnelle : elle impacte aussi notre entourage, la société dans laquelle nous vivons et aujourd'hui la planète entière.

Avoir ou être ?

Dans son livre *Avoir ou être. Un choix dont dépend l'avenir de l'homme* (1976), le psychanalyste et sociologue américain Erich Fromm affirme que du choix que l'humanité fera entre ces deux modes d'existence dépend sa survie même. Car notre monde explique-t-il est de plus en plus dominé par la passion de l'avoir, concentré sur l'*acquisivité*, la puissance matérielle, l'agressivité, alors que seul le sauverait le mode de l'être, fondé sur l'amour, l'accomplissement spirituel, le plaisir de partager des activités significatives et fécondes. Si l'homme ne prend pas conscience de la gravité de ce choix, il courra au-devant d'un désastre psychologique et écologique sans précédent : « Pour la première fois dans l'histoire, la survie physique de la race humaine dépend d'un changement radical du cœur humain[110]. » Publié en 1976, cet ouvrage n'a pas pris une ride et se révèle on ne peut plus pertinent.

Une des particularités du désir de l'être humain, en effet, c'est qu'il est infini. S'il place essentiellement son désir dans le domaine de l'avoir, l'être humain demeurera un éternel insatisfait et restera prisonnier des pulsions de son cerveau primaire qui ne connaît pas de limites. Cette incapacité du cerveau humain à se modérer naturellement dans cette quête de plaisir l'incite à désirer toujours plus. Ainsi que nous l'avons vu, c'est le moteur de nos sociétés consuméristes et la cause de la crise environnementale, comme le reconnaît Sébastien Bohler : « Continuer à promouvoir un système économique qui encourage nos grands renforceurs primaires est sans doute la pire des choses à faire, et c'est malheureusement ce que nous faisons depuis maintenant plus d'un siècle, ce qui est en train de nous coûter notre planète[111]. »

À l'inverse, si nous sommes davantage mus par un accroissement de notre être, nous ne sommes jamais ni frustrés, ni insatisfaits : la connaissance, l'amour, la contemplation de la beauté, le progrès intérieur nous comblent, sans jamais nous donner ce sentiment de frustration, typique des désirs orientés vers l'avoir.

Certes, nous souhaitons toujours continuer à connaître, à aimer, à progresser, mais cette quête nous conduit de joie en joie et n'a aucune conséquence négative sur les autres ou la planète. Qu'on me comprenne bien cependant : je ne méprise en rien les biens matériels et je suis convaincu qu'il faut trouver un équilibre entre la matière et l'esprit, l'avoir et l'être. Lorsqu'on vit dans une profonde insécurité financière, il est difficile de cultiver sereinement sa vie intérieure. Mais force est de reconnaître que notre monde contemporain privilégie largement l'avoir à l'être, la compétition à la collaboration, la reconnaissance sociale à l'estime de soi, et les conséquences de cette idéologie se révèlent très lourdes à porter pour les individus et dévastatrices pour la planète. Tout être humain aspire à être autant qu'à avoir, et lorsqu'il castre ses besoins de l'âme aux seuls profits de ceux du corps, lorsqu'il enferme sa quête d'infini dans des choses finies, lorsqu'il délaisse sa vie intérieure pour ne se préoccuper que de sa place dans le monde extérieur, il se mutile lui-même et devient un prédateur pour les autres. Or la culture dominante de notre époque nous pousse dans cette voie.

Dans son ouvrage *L'Homme unidimensionnel*, le philosophe et sociologue américain Herbert Marcuse qualifie de « désublimation répressive » ce processus à l'œuvre dans nos sociétés de consommation qui consiste à déconnecter les désirs divers des individus de leurs sublimations classiques, centrées sur la vie de l'âme, pour les réorienter, à travers le matraquage publicitaire, vers la seule acquisition des marchandises. Dans sa magnifique chanson « Foule sentimentale », Alain Souchon exprime aussi, de manière plus poétique, ce décalage entre nos aspirations profondes à être et cette injonction à avoir, qui domine nos sociétés occidentales depuis des décennies :

« On nous inflige
Des désirs qui nous affligent »

Un rééquilibrage entre l'avoir et l'être, entre les besoins du corps et les besoins de l'âme, est donc plus que jamais nécessaire. Ce qui est encourageant dans les témoignages de ces personnes qui décident de changer de vie, et dans ceux, évoqués plus haut, de ces jeunes qui ne veulent plus travailler selon le modèle actuel, c'est cette insistance à vouloir réorienter leurs désirs de l'avoir à l'être. À rebrousse-poil de l'idéologie dominante, en effet, de plus en plus de personnes, et notamment des jeunes, ressentent de manière impérieuse ce besoin de se tourner vers des biens spirituels, d'amour, de connaissance, plutôt que vers des biens matériels. Au confort et au prestige social que confère une belle situation, ils préfèrent une vie sobre et heureuse qui répond à leurs désirs profonds d'accomplissement de soi, de justice sociale et de respect de la planète. À la domination et à la compétition, ils préfèrent la collaboration. Plutôt que de réussir dans la vie, ils préfèrent réussir leur vie… et vivre en harmonie avec les autres humains et toutes les espèces vivantes de notre belle planète. Même s'ils sont encore minoritaires, ils sont les pionniers de nouvelles quêtes et de nouveaux modes de vie, qui apportent un salutaire rééquilibrage entre l'avoir et l'être, entre l'extériorité et l'intériorité, entre la conquête du monde et la conquête de soi, entre le désir-manque et le désir-puissance.

Désir, conscience et vérité

Comme je l'ai souvent rappelé, le désir est le moteur de nos existences et il convient d'apprendre à le cultiver mais aussi à bien l'orienter. Ce dernier point est d'autant plus nécessaire que notre désir est créateur de valeur. C'est le désir de chacun qui crée le désirable. « Nous ne désirons pas une chose parce qu'elle est bonne, mais nous la jugeons bonne parce que nous la désirons [112] », écrit Spinoza. Cette petite phrase est pour moi une des plus importantes de toute l'histoire de la philosophie. En quelques mots, Spinoza déconstruit tout l'idéalisme platonicien qui imprègne nos sociétés occidentales depuis des millénaires, selon lequel les valeurs universelles (le Beau, le Bon, le Juste, etc.) mobilisent notre désir. Ce sont en fait nos désirs qui instaurent la valeur des choses et des êtres et non l'inverse. C'est parce que je désire une personne que je pense qu'elle est aimable. C'est parce que j'ai un désir de justice, que je souhaite la pratiquer. C'est parce que je désire le chocolat que je dis que le chocolat est bon (tout le monde n'aime pas le chocolat !). C'est parce que je désire m'enrichir que je vénère l'argent, ou, à l'inverse, c'est parce que je désire vivre de manière sobre que j'y suis indifférent. C'est parce que je désire aimer la vie que je trouve que la vie est belle et bonne. Deux siècles avant Nietzsche, Spinoza instaure ainsi une morale « par-delà le bien et le mal ». Cela ne signifie pas pour autant que le mal et le bien n'existent pas. Cela signifie qu'ils n'existent pas en soi, mais pour chaque individu en fonction de sa nature singulière, sous la forme du bon et du mauvais : ce qui sera bon pour l'un pourra être mauvais pour un autre, etc. « Nous appelons bon ou mauvais, écrit encore Spinoza, ce qui est utile ou nuisible à la conservation de notre être, c'est-à-dire ce qui augmente ou diminue, aide ou contrarie notre puissance d'agir. En tant donc que nous percevons qu'une chose nous affecte de joie ou de tristesse, nous l'appelons bonne ou mauvaise[113]. » La conduite d'une vie est donc propre à chaque individu et relative à sa nature singulière. Reste toutefois que pour bien mener leur vie, tous les individus doivent suivre des idées adéquates. S'ils sont mus par des idées inadéquates, ou leur imagination, ils poursuivront des passions tristes et pourront commettre des actes violents ou répréhensibles envers les autres. C'est pourquoi Spinoza prend soin de préciser : « En tant que les hommes sont dominés par leurs passions, ils peuvent s'opposer les uns aux autres [...]. Dans la seule mesure où les hommes vivent sous la conduite de la Raison, ils s'accordent toujours nécessairement par nature. » C'est ainsi en orientant leurs désirs par des idées adéquates que les humains parviendront à la joie et seront aussi le plus utiles aux autres. Aristote et Épicure avaient déjà souligné ce point en évoquant la notion de *phronêsis* ou de « raison droite », vertu intellectuelle indispensable pour mener une vie juste. Si nous vivions dans une société où tous les humains étaient libérés de l'esclavage des passions tristes pour vivre dans la liberté intérieure éclairée par leur raison, il n'y aurait nul besoin de lois, d'interdits et de police. Les lois religieuses et civiles seront utiles à la vie en société – et même nécessaires pour les secondes –, tant que nous serons esclaves de nos passions et incapables d'orienter nos désirs par la raison pour grandir en joie et en sagesse.

Pour le dire de manière un peu différente : pour mener une existence juste et bonne, nous devons mettre de la conscience sur nos désirs. J'ai ce désir : est-il juste de le réaliser pour moi-même et pour les autres ? Nous croyons mettre de la conscience sur nos désirs lorsque nous raisonnons. Mais en fait, nous ne faisons bien souvent que rationaliser a posteriori un désir et notre raisonnement est faussé par la force de ce dernier ! Ce phénomène s'observe jusque dans la démarche scientifique. Il a pour nom « le biais de confirmation d'hypothèse » : des chercheurs interprètent de manière erronée des faits, car ils ne voient que ce qui va dans le sens qu'ils attendent et mettent – le plus souvent inconsciemment – de côté le reste. C'est dire à quel point il est difficile d'avoir du recul sur nos désirs, sur ce que nous attendons, nous espérons, nous croyons. Bien souvent, nous passons notre temps à justifier nos désirs par des arguments erronés qui ne sont que des alibis pseudo-rationnels. Mettre de la conscience sur ses désirs suppose une très grande soif de vérité. C'est parce que j'ai un très grand désir de vérité que je serai capable de dépasser mes autres désirs, mes opinions et mes croyances, et de les soumettre objectivement à la vérité des faits et du réel. C'est le fondement même de la démarche philosophique, dont la vérité est la norme. Aristote avait une profonde amitié pour Platon, mais il affirmait que la recherche de la vérité était supérieure à l'amitié, ce qui l'a conduit à contredire Platon en de nombreux points.

D'où vient la conscience ? C'est une grande et épineuse question. La plupart des scientifiques, qui adoptent une posture philosophique matérialiste, nous expliquent qu'elle est produite par notre cerveau et aurait son siège dans le cortex cérébral. Grâce au développement de notre cortex, nous serions capables d'effectuer des choix rationnels et de prendre de la distance avec notre cerveau primaire. Certes, mais comme le fait encore remarquer Sébastien Bohler, dans les faits c'est plutôt notre cortex qui obéit aux injonctions de notre *striatum* : « Notre *striatum* est le même que celui d'un singe ou d'un rat. Ce qui nous distingue de ces espèces, c'est l'usage collectif que nous faisons de notre cortex. Et malheureusement les choses ont fait que ce cortex prend ses ordres du *striatum*. Une des raisons de cette distribution inégale des rôles tient à la nature des connexions dans notre cerveau. Celles-ci se résument à un principe simple : "Le cortex propose, le *striatum* dispose." [...] L'immense cortex d'*Homo sapiens*, en lui offrant un pouvoir toujours plus étendu, a mis ce pouvoir au service d'un nain ivre de pouvoir, de sexe, de nourriture, de paresse et d'ego. L'enfant surarmé n'a aujourd'hui plus de limites[114]. » Platon, Aristote ou les stoïciens pensaient que la conscience venait de l'esprit, qu'ils appelaient *noos* ou *logos*. Ils étaient aussi convaincus que celui-ci était relié au divin et que même s'il possédait un ancrage corporel dans le cerveau, ce n'était pas le cerveau en tant que tel qui était aux manettes. Cette question de l'origine de la conscience reste donc largement ouverte et, quelle que soit sa réponse, ce qui nous préoccupe ici, c'est de poser de la conscience sur nos désirs.

Urgence à philosopher

Comme je viens de l'évoquer, tout repose finalement sur cette question du désir de vérité. Si ce dernier est supérieur à nos autres désirs, alors nous pourrons raisonner de manière juste et utiliser notre cortex pour maîtriser notre *striatum*. Chez certains individus, le désir de vérité est inné. Personnellement, j'ai toujours eu cette quête et c'est la raison pour laquelle, un peu comme Obélix, je suis tombé dans la marmite de la philosophie dès l'adolescence et que la passion de la vérité ne m'a plus jamais quitté. J'ai toujours préféré une vérité douloureuse, et qui allait à rebrousse-poil de mes autres désirs, qu'une illusion agréable et flatteuse. Mais pour tous ceux chez qui ce désir est moins inné, je suis convaincu qu'il peut croître par l'éducation. C'est la raison pour laquelle je me suis investi depuis 2014 dans le développement des ateliers de philosophie avec les enfants et les adolescents. Ceux-ci, en effet, développent chez les jeunes des habiletés de pensée, un esprit critique, une meilleure capacité d'écoute de l'autre, et leur donnent le goût du vrai. Combien de fois ai-je vu des enfants changer d'avis lors d'un atelier parce qu'ils avaient été convaincus par les arguments d'un autre enfant et me dire ensuite : « On pense mieux ensemble. » Et si on pense mieux ensemble, c'est parce qu'on recherche ensemble ce qui est vrai, au-delà de tous nos a priori et préjugés. C'est la raison pour laquelle j'ai co-créé en 2016 l'association et la fondation SEVE (Savoir être et vivre ensemble), sous l'égide de la Fondation de France, afin de former des animateurs aux ateliers de philosophie avec les enfants et que nous avons noué un partenariat avec le ministère de l'Éducation nationale. Aujourd'hui, plus de cinq mille animateurs ont été formés et des centaines de milliers d'enfants ont déjà pu bénéficier de ces ateliers, notamment dans des quartiers prioritaires ou des cités éducatives, comme dans la ville de Trappes. « Il est urgent de rendre la philosophie populaire ! » s'écriait déjà Diderot et Montaigne était convaincu qu'elle permettrait aux enfants d'avoir une « tête bien faite », et pas seulement une « tête bien pleine ».

Désir et démocraties

Face à la place prépondérante qu'a prise la technologie dans nos vies, cette urgence à bien penser est devenue vitale. Nous l'avons vu à propos du défi écologique, mais c'est tout aussi vrai de la survie de nos démocraties. En moins d'une décennie, les réseaux sociaux ont bouleversé la donne. L'élection de Donald Trump en 2016 a été favorisée par l'usage intense qu'il faisait des réseaux sociaux pour diffuser toutes sortes d'informations erronées et il a encore tenté d'invalider les résultats de l'élection perdue de 2020 par les mêmes procédés complotistes, ce qui a conduit Twitter et Facebook à supprimer ses comptes. La montée des extrémismes, que l'on observe dans la plupart des démocraties du monde, est très probablement liée à ce phénomène, puisqu'une partie importante de la population ne s'informe plus en confrontant des sources diverses et contradictoires, mais à travers la seule source des réseaux sociaux, qui, comme nous l'avons vu, oriente l'information en fonction des goûts et des désirs de chaque utilisateur. Si les citoyens n'écoutent que les informations qui les confortent dans leurs désirs et dans leurs convictions et ne sont plus capables d'écouter les arguments des autres, plus aucune démocratie ne pourra fonctionner. Il est nécessaire d'avoir une compréhension commune de la réalité qui nous entoure, sans quoi nous ne sommes plus une nation. Et cette question renvoie à celle de la vérité : si nous ne sommes pas tous véritablement désireux de discerner le vrai du faux, nous ne pourrons plus longtemps vivre ensemble. Chacun ira chercher les informations qui confortent son point de vue et ses désirs, peu importe leur véracité. Il n'y aura dès lors plus de débat démocratique possible, débat qui ne peut être fondé que sur la bonne foi et le désir de chacun à rechercher la vérité en vue du bien commun.

Le désir est donc « l'essence de l'homme » et le moteur de nos vies : notre satisfaction de l'existence dépend de la manière dont nous le cultivons et nous l'orientons. Mais la survie de nos sociétés dépend aussi de cette juste orientation de nos désirs et cela ne peut se faire sans qu'ils soient polarisés, de manière ultime, par le respect du vivant, le souci d'autrui et la recherche de la vérité. Il est donc plus que jamais nécessaire de mettre de la conscience sur nos désirs : tel est sans doute le plus grand défi de notre époque.

Notes

1. Cicéron, *Tusculanes*, IV, trad. Jules Humbert, Les Belles Lettres, 1930.

2. Gaston Bachelard, *Psychanalyse du feu*, Gallimard, 1938.

3. Aristote, *De l'âme*, III, 9, trad. Richard Bodéüs, GF-Flammarion, 1999.

4. Baruch Spinoza, *Éthique*, III, « Définitions des affections », I, GF-Flammarion, 1965.

5. Platon, *Le Banquet*, 200e, GF-Flammarion, 1964.

6. Aristote, *De l'âme*, II, 3 et III, 10, *op. cit.*

7. Platon, *Le Banquet*, 191d, *op. cit.*

8. *Ibid.*

9. *Ibid.*

10. André Comte-Sponville, *Le Sexe ni la mort*, LGF, 2016.

11. Arthur Schopenhauer, *Le Monde comme volonté et comme représentation*, IV, 57, trad. A. Burdeau, PUF, 1966.

12. George Bernard Shaw, *Man and Superman*, 1903.

13. Emmanuel Kant, *Critique de la raison pratique*, trad. F. Picavet, PUF, 1971.

14. Emmanuel Kant, *Fondements de la métaphysique des mœurs*, II, trad. V. Delbos, Vrin, 1980.

15. Platon, 211b-212b, *op. cit.*

16. *Ibid.*

17. Henri Bergson, *La Conscience et la Vie* [1911], PUF, « Quadrige », 2013.

18. Sébastien Bohler, *Le Bug humain*, Robert Laffont, 2019.

19. *Ibid.*

20. *Ibid.*

21. René Girard, préface à Mark Anspach, *Œdipe mimétique*, Éditions de l'Herne, 2010.

22. René Girard, *Mensonge romantique et vérité romanesque*, in *De la violence à la divinité*, Bibliothèque Grasset, 2007.

23. Marcel Proust, *À la recherche du temps perdu* [1913], cité par René Girard dans *Mensonge romantique et vérité romanesque*, *op. cit.*

24. René Girard, *Mensonge romantique et vérité romanesque*, *op. cit.*

25. *Ibid.*

26. Aristote, *Rhétorique*, II, 9-11. Je renvoie sur ce sujet à l'excellent article de Sylvain Matton dont je m'inspire ici : « Le premier péché du monde », in *L'Envie et le désir*, dir. Pascale Hassoun-Lestienne, Autrement, « Morales », 1998.

27. *Ibid.*

28. Baruch Spinoza, *Éthique*, III, LV, « Corollaire », *op. cit.*

29. Thomas d'Aquin, *Somme théologique* [1485], 2a, 2ae, Q 36, art 1, conclusion.

30. David Hume, *Traité de la nature humaine* [1739], II, seconde partie, section 8.

31. Emmanuel Kant, *Fondements de la métaphysique des mœurs*, *op. cit.*

32. Voltaire, *Sept Discours en vers sur l'homme* [1738], 3e discours.

33. Jeremy Rifkin, *La Fin du travail*, La Découverte, 2006 ; cité par Sébastien Bohler, in *Le Bug humain*, *op. cit.*

34. Cité par Jean Baudrillard, in *La Société de consommation*, Denoël, 1970 ; Folio essais, 1986.

35. Jean Baudrillard, *La Société de consommation*, *op. cit.*

36. https://www.theverge.com/2017/12/11/16761016/former-facebook-exec-ripping-apart-society

37. *Ibid.*

38. Sébastien Bohler, *Le Bug humain*, *op. cit.*

39. Bruno Patino, *La Civilisation du poisson rouge*, Grasset, 2019.

40. Gilles Lipovetsky, *L'Ère du vide*, Folio essais, 1983.

41. Sigmund Freud, « Au-delà du principe de plaisir », in *Essais de psychanalyse* [1922], Payot, « Petite bibliothèque », 2001.

42. Serge Stoléru, *Un cerveau nommé désir*, Odile Jacob, 2016.

43. Jean Baudrillard, *Les Stratégies fatales*, Grasset, « Figures », 1983.

44. Byung-Chul Han, *Le Désir. L'enfer de l'identique*, Autrement, « Les Grands Mots », 2015.

45. Aristote, *De l'âme*, II, 3 et III, 10, *op. cit.*

46. Voir sur cette question complexe l'excellent article de Laetitia Monteils-Laeng, « Aristote et l'invention du désir », in *Archives de philosophie*, n° 76, 2013.

47. Aristote, *De l'âme*, III, 9, *op. cit.*

48. Aristote, *Éthique à Nicomaque*, I, 5, trad. J. Tricot, Vrin, 1979.

49. *Ibid.*, X, 7.

50. Épicure, *Sentences vaticanes*, 71.

51. Épicure, « Fragment 469 », in H. Usener, *Epicurea*, Leipzig, Teubner, 1887.

52. Épicure, *Lettre à Ménécée*, 129.

53. Épicure, *De la nature*, IV, v. 1073-1076.

54. Épictète, *Manuel.*

55. Épictète, *Entretiens*, IV, 1.

56. Walpola Rahula, *L'Enseignement du Bouddha*, Seuil, « Points Sagesse », 2014.

57. *Deutéronome*, 5, 6-21.

58. Sébastien Bohler, *Le Bug humain*, *op. cit.*

59. Voir première partie, chapitre 7.

60. Benoît Serre sur France Info.

61. Baruch Spinoza, *Éthique*, III, « Définitions des affections », I, *op. cit.*

62. *Ibid.*, III, 11, « Scolie ».

63. *Ibid*, IV, « Proposition 7 ».

64. *Ibid.*, V, « Proposition 42 ».

65. Friedrich Nietzsche, *Le Crépuscule des idoles* [1889], trad. Henri Albert, GF-Flammarion, 1985.

66. Friedrich Nietzsche, *Généalogie de la morale* [1887], 5, in *Œuvres,* t. II, Robert Laffont, « Bouquins », 1993.

67. Friedrich Nietzsche, *Ainsi parlait Zarathoustra*, « Prologue », 5, trad. Henri Albert.

68. *Ibid.*

69. Friedrich Nietzsche, *Le Gai savoir*, 341.

70. Friedrich Nietzsche, *Ainsi parlait Zarathoustra*, « Le chant de la nuit ».

71. Friedrich Nietzsche, *Deuxième Considération intempestive*, 7.

72. Friedrich Nietzsche, *La Volonté de puissance*, I.

73. Francis Guibal, « F. Nietzsche ou le désir du oui créateur », *Revue philosophique de Louvain*, 1984, n° 53.

74. Friedrich Nietzsche, *Le Crépuscule des idoles*, « Flâneries inactuelles », 8, *op. cit.*

75. Charles Baudelaire, « Le Spleen de Paris », *Petits Poèmes en prose* [1869], Gallimard, 2013.

76. Friedrich Nietzsche, *Ainsi parlait Zarathoustra*, II.

77. Henri Bergson, *L'Évolution créatrice*, PUF, « Quadrige », 1986.

78. Henri Bergson, *Mélanges*, PUF, 1972.

79. Albert Camus, *Le Mythe de Sisyphe* [1942], Gallimard, 1990.

80. Carl Gustav Jung, *L'Homme et ses symboles*, Robert Laffont, 1964.

81. L'expression a été inventée par Richard Louv dans son livre *Last Child in the Woods. Saving Our Children from Nature-Deficit Disorder*, Algonquin Books, 2005.

82. Aristote, *Éthique à Nicomaque*, X, 7, *op. cit.*

83. Friedrich Nietzsche, *La Volonté de puissance. Essai d'une transmutation de toutes les valeurs (Études et Fragments)*, 3e partie, 303, trad. Henri Albert.

84. Sophie Chassat, *Élan vital. Antidote philosophique au vague à l'âme contemporain*, Calmann-Lévy, 2021. J'ai emprunté pour le titre de cette partie la belle expression de « vivre aux éclats » découverte dans cet ouvrage.

85. *Ibid.*

86. *Ibid.*

87. Georges Canguilhem, « Le normal et le pathologique », in *La Connaissance de la vie*, Vrin, 1992.

88. *Ibid.*

89. Aristote, *Éthique à Nicomaque*, VIII, 1, *op. cit.*

90. *Ibid.*, IX, 3, 20.

91. *Ibid.*, VIII, 9.

92. Jean, 4, 7-8 et 16.

93. Corinthiens, 13, 1-7.
94. Julie Klotz, *Les Quatre Accords du couple*, Fayard, 2022.
95. Philippe Dautais, *Éros et liberté*, Nouvelle clé, 2016.
96. Baruch Spinoza, *Traité théologico-politique*, chapitre V, in *Œuvres complètes*, Gallimard, « Pléiade », 1955.
97. Matthieu, 5,17.
98. Jean, 4, 8.
99. Jean, 15,12.
100. Jean, 4, 13-14.
101. Matthieu, 6,25-27. Sur cette question, voir aussi le beau livre de Denis Marquet, *Osez désirer tout*, Flammarion, 2018.
102. Propos recueillis par l'auteur auprès de Marc Halévy.
103. Djalâl ad-Dîn Rûmî, *Diwân*.
104. André Padoux, *Comprendre le tantrisme. Les sources hindoues*, Albin Michel, 2010.
105. Jean-Jacques Rousseau, *Julie ou La Nouvelle Héloïse* [1761], sixième partie, lettre VIII.
106. Carl Gustav Jung, *La Guérison psychologique*, Librairie de l'Université Georg, 1953.
107. Sébastien Bohler, *Où est le sens*, Robert Laffont, 2020.
108. Carl Gustav Jung, *L'Âme et la vie*, LGF, 1995.
109. Philippe Dautais, *Éros et liberté*, *op. cit.*
110. Erich Fromm, *Avoir ou être. Un choix dont dépend l'avenir de l'homme*, Robert Laffont, 1978.
111. Sébastien Bohler, *Le Bug humain*, *op. cit.*
112. Baruch Spinoza, *Éthique*, III, 9, « Scolie », *op. cit.*
113. *Ibid.*, IV, 8, « Démonstration ».
114. Sébastien Bohler, *Le Bug humain*, *op. cit.*

Table

DEUXIÈME PARTIE
La régulation du désir

TROISIÈME PARTIE
Vivre aux éclats

Imprimé en France par CPI
en octobre 2022

NORD COMPO
multimédia

Composition et mise en pages
Nord Compo à Villeneuve-d'Ascq

N° d'édition : 557755-0
Dépôt légal : novembre 2022
N°d'impression : 171481